C. A. PRESS

LA FAMILIA Y EL DINERO

Elaine King, MBA, CFP®, CDFA™, nació en Perú y ha trabajado y estudiado en Austria, Canadá, Japón, México y los Estados Unidos. King es experta en planificación patrimonial y le ha brindado ayuda a cientos de familias, jóvenes y mujeres, enseñándoles estrategias financieras que les permitirán entender, organizar y administrar el dinero para crear buenos hábitos financieros y mejorar su calidad de vida.

Ha sido entrevistada en programas de televisión y radio de las cadenas CBS, PBS, NBC y Univisión, en diarios como el *Wall Street Journal* y el *Miami Herald*, y las revistas *Time, Smart Money, Business Week* y *Hispanic Business*, entre otras. King ha asesorado a instituciones como Lubitz Financial Group, Gibraltar Private, Citigroup y Royal Bank of Scotland. Actualmente es Presidente de la Asociación de Planificación Financiera en Miami (FPA), Planificadora Financiera Certificada (CFP®), Mediadora de familias de la Corte Suprema de la Florida, Analista Financiera de Divorcio (CDFA™) y Embajadora del CFP Board Inc. También es miembro de Thunderbird Alumni Association y ha estudiado un posgrado en terapia familiar en Georgetown.

King reside en Florida y apoya a CIMA, una fundación para niños sin hogar en Perú. Para más información visite su sitio web: www.elainekingcfp.com.

LA FAMILIA

Y

EL DINERO

¡HECHO FÁCIL!

Elaine King

CFP®, CDFA™

PRESS

C. A. PRESS

Penguin Group (USA)

C. A. PRESS

Published by the Penguin Group
Penguin Group (USA) Inc., 375 Hudson Street, New York, New York 10014, U.S.A.
Penguin Group (Canada), 90 Eglinton Avenue East, Suite 700, Toronto, Ontario, Canada M4P 2Y3
(a division of Pearson Penguin Canada Inc.)
Penguin Books Ltd, 80 Strand, London WC2R 0RL, England
Penguin Ireland, 25 St Stephen's Green, Dublin 2, Ireland (a division of Penguin Books Ltd)
Penguin Group (Australia), 250 Camberwell Road, Camberwell, Victoria 3124, Australia
(a division of Pearson Australia Group Pty Ltd)
Penguin Books India Pvt Ltd, 11 Community Centre, Panchsheel Park, New Delhi – 110 017, India
Penguin Group (NZ), 67 Apollo Drive, Rosedale, Auckland 0632, New Zealand
(a division of Pearson New Zealand Ltd)
Penguin Books (South Africa) (Pty) Ltd, 24 Sturdee Avenue, Rosebank,
Johannesburg 2196, South Africa

Penguin Books Ltd, Registered Offices:
80 Strand, London WC2R 0RL, England

First published in 2012 by C. A. Press, a member of Penguin Group (USA) Inc.

10 9 8 7 6 5 4 3 2

Illustrations by Corne Cartoons Enroc Illustrations CO
Literary agent: Aleyso Bridger, ECO Consulting USA

LIBRARY OF CONGRESS CATALOGING-IN-PUBLICATION DATA
King, Elaine.
La familia y el dinero : ¡hecho fácil! / Elaine King.
p. cm.
Includes bibliographical references.
ISBN 978-0-14-242333-2
1. Finance, Personal. I. Title.
HG179.K55576 2012
332.024—dc23
2011050849

Printed in the United States of America

ALWAYS LEARNING   PEARSON

Este libro va dedicado a mi familia por darme la fuerza, el amor y el apoyo incondicional para que yo pueda dedicarle tiempo a desarrollar mi pasión de compartir con cada uno de ustedes las disciplinas necesarias que mejorarán tu calidad de vida e impactarán tu futuro. Esto, para mí, es un regalo y mi granito de arena.

Índice

Prólogo

La familia y el dinero es para toda la familia y, especialmente, para el joven adulto que siente curiosidad por la vida, más allá del dinero, y que aprecia las ideas y pensamientos que lo pueden ayudar a descubrir su motor financiero. Lo diseñé con la esperanza de que todos podamos partir de la misma base al observar nuestras propias reacciones y tener una mejor comprensión sobre el papel que tiene nuestra familia con respecto a nuestro comportamiento con el dinero.

Seguramente conoces la enorme deuda de los Estados Unidos y estás consciente de que esta carga recaerá sobre las generaciones futuras, no solo en los Estados Unidos sino en el mundo entero. Esto es una pena, es terrible, pero es la realidad. Por eso, en esta actualidad global, es imprescindible que ya mismo, ahora, no solo tú, sino tus hijos y nietos aprendan sobre el dinero y las finanzas.

Según una encuesta de la Asociación de Planificadores Financieros, el 51% de los padres no habla de finanzas con sus hijos, el 39% de las parejas casadas no ha hecho su testamento y el 37% de los hijos no sabe cómo encontrar la información financiera de sus padres si éstos llegaran a morir. *La familia y el dinero* no es un libro de estadísticas, pero las mencionadas aquí demuestran una realidad alarmante que debemos enfrentar y cambiar.

Hace poco ofrecí una charla a un auditorio lleno de estudiantes de secundaria sobre la importancia de obtener una buena educación y tener buenos hábitos financieros. Cinco minutos después de iniciada mi presentación, me di cuenta de que varios estudiantes parecían confundidos y desconcertados. Era como si estuviese hablando en otro idioma. Y para la mayoría, así era en realidad. Varios de esos adolescentes serán los primeros en graduarse de una universidad dentro de su familia.

Un estudiante se interesó lo suficiente como para preguntar: "¿Cómo hago para que me paguen por ir a la universidad?". Al principio no entendí su pregunta. Luego comprendí que quería saber sobre posibles recursos financieros como préstamos, subsidios y becas. Y rápidamente deduje que muchos estudiantes en el auditorio tampoco conocían estas alternativas.

Algunos otros estudiantes tampoco tenían muchos conocimientos sobre el ahorro, el manejo y la inversión del dinero. Esta es una de las razones principales por las que decidí escribir este libro, y te recomiendo que lo leas. Antes que nada, como miembro de la nueva generación, tienes que tener los conocimientos básicos y estar consciente de la importancia de los buenos hábitos financieros para poder empezar a construir tu bienestar personal. Nadie nace siendo financieramente competente; debemos aprender a serlo. Y quiero que éste sea el punto de partida para ti.

También debes saber que la dinámica familiar es increíblemente importante en el manejo del dinero. La manera en que ganas, ahorras, inviertes y proteges tu dinero se basa en el conocimiento de ti mismo y, para poder conocerte mejor, tienes que entender las creencias de tu familia sobre el dinero, el valor que le dan, al igual que su historia y su comportamiento. Explorar el sistema de tu propia familia es la clave para descubrir dónde nace tu iniciativa personal y actitud acerca del dinero. A lo largo de las páginas de este libro, explicaré por qué y en qué forma tu familia influye en la manera en que te desenvuelves con el dinero.

Hay muchas guías sobre cómo manejar el dinero y, aunque

parezca difícil, es posible aprender e incorporar esos principios. Imagínate por un momento que has decidido que en doce meses quieres bajar diez kilos y aumentar el porcentaje de tus músculos, reduciendo 10% de grasa corporal. Es una tarea difícil, lo sé. Habrá que analizar muy bien qué hacer, leer historias de éxito de personas que lo han logrado, evaluar si es posible y, finalmente, hacer un plan de ataque y ejercicios. Ahora imagínate que toda tu familia está tan entusiasmada con tu meta que quiere hacer lo mismo. Tú sabes que al final es lo mejor para ellos, pero ahora se pone difícil la cosa. Tendrás que modificar su forma de pensar y serás el líder en esta misión. De manera similar, si tu meta es alcanzar la independencia financiera, ¿qué mejor que toda tu familia pueda llegar a eso, incluyendo a los pequeños de la casa?

Como cualquier misión en la historia del mundo esto va a tomar tiempo, pero yo te guiaré hacia cada paso y puedes estar seguro de que, aunque parezca trabajoso, al final terminarás con una mejor comprensión y sabrás perfectamente cómo manejar tu dinero.

Así como uno debe obtener una licencia para conducir, para manejar bien el dinero tienes que tener un plan que te ayude con: Ahorro, Obligaciones, Inversión y Protección.

Se dice que para llegar a la luna hubo cuatro misiones —muchas otras fallaron— y cada una de ellas fue necesaria para alcanzar esa meta. De manera similar, para poder alcanzar la meta de la independencia financiera, tendrás que saber cómo planificar, cómo ahorrar controlando las deudas, cómo invertir lo que ganas y cómo compartir con la comunidad. Para esto, cada capítulo describirá las estrategias, compartirá historias y te dará una tarea para que la apliques con la familia. ¿Empezamos? ¡Aprende divirtiéndote!

LA FAMILIA

Y

EL DINERO

¡HECHO FÁCIL!

1

Familia hay una sola

"¿Supiste que Pedro acaba de cumplir sesenta años y su mamá le sigue dando su asignación semanal?", preguntó mi amiga. Me pregunto quién contribuyó a fomentar este comportamiento: ¿la mamá que nunca le dejó de dar dinero o el hijo que siempre lo aceptó? Cada familia tiene una cultura y escala de valores única. Por eso es interesante aprender sobre tu familia y sus costumbres. Las familias, al igual que el resto de los miembros del reino animal, reaccionan por instintos de supervivencia y actúan de acuerdo al ambiente en el que se desarrollaron. Las familias, en su mayoría, actúan según lo que vieron y vivieron, y lo hacen con las mejores intenciones como, por ejemplo, la de protección.

Para entender quiénes somos hoy, debemos aprender de dónde venimos y cómo han evolucionado nuestras inquietudes, valores y comportamientos desde hace cincuenta mil años. Para esto podemos ver las pinturas de las cuevas que hay en Europa y apreciar el nivel de conciencia que tenían nuestros ancestros. Podemos aprender mucho de las familias o civilizaciones alrededor del mundo como los incas, mayas, los mongoles, las dinastías de la

India y China o de las familias de diferentes religiones. Sin embargo, también, lamentablemente, hay muchas historias de familias que no fueron exitosas y que con el tiempo se desintegraron.

Nuestro comportamiento está impulsado por lo que Darwin denominó "la supervivencia del más apto", del más fuerte, que también incluye tu capacidad de adquirir más de lo que necesitas para vivir. Para sobrevivir y evolucionar, los animales tienen que obtener su propio alimento y adaptarse a diferentes condiciones. La posibilidad de variación es una característica de todas las especies de animales y plantas. Darwin suponía que la variación era una de las propiedades innatas de los seres vivos. Dado que nacen más sujetos de los que pueden sobrevivir, hay una lucha por la existencia, una competencia en busca de espacio y alimento. Esta lucha es directa o indirecta, como la de los animales y vegetales para sobrevivir ante condiciones de falta de agua o bajas temperaturas, u otras condiciones desfavorables del medio ambiente. Como afirmaba Darwin en su libro sobre la evolución, todos somos parte de un sistema mayor, dependemos de la Madre Naturaleza y de otros seres para sobrevivir.

Es verdad lo que dijo el famoso filósofo español Jorge Agustín Nicolás Ruiz de Santayana y Borras: "Quien no conoce la historia, está condenado a repetirla". Por eso, en este capítulo nos dedicaremos a aprender y comprender cómo desarrollar las cuatro estrategias básicas para llegar a la armonía financiera.

La familia modelo es una que comparte una visión, que quiere que cada uno de sus miembros sea feliz y les da a todos una buena base para crecer. Estas características son clave para que una familia sea sostenible. La armonía familiar se puede obtener promoviendo el desarrollo intelectual, la educación financiera, la voluntad de mejorar la comunidad y manteniendo abiertos los canales de comunicación.

Al leer *La familia y el dinero* y seguir los consejos, tu familia también se beneficiará observando tu disciplina, aunque será mucho mejor involucrarlos lo más posible desde el inicio. Primero, enséñales el efecto de los anuncios, los mensajes subliminales, escoge un anuncio a la semana para analizarlo juntos. Todos los días recibimos a través de distintos medios miles de mensajes incitándonos a comprar bienes que ni siquiera necesitamos. Así, sin que nos demos cuenta, los medios nos crean una necesidad de consumo que nos impide vivir mejor, porque nos hacen pensar que si no tenemos "eso" que está en el periódico o la televisión, nos falta algo.

No es que la publicidad en sí sea mala, sino que debemos empezar a verla más inteligentemente. Haz que ellos mismos evalúen el valor agregado de los servicios y productos, y los eslóganes. Luego, para que aprecien el valor del dinero, cuando les des una cantidad, enséñales a dividirla en tres partes: ahorrar, invertir, compartir. La porción de ahorrar se podrá gastar de acuerdo con el sistema que tú diseñes.

Predica con el ejemplo y ten mucho cuidado con cómo repartir el dinero con tus hijos. ¿Cómo pueden aprender de niños si no se les da las herramientas para ser exitosos, o la oportunidad para "practicar" sus estrategias financieras bajo tu supervisión? Cada vez que te pidan algo, sea un juguete, viaje, etc., involúcralos pidiéndoles que ellos también ahorren un porcentaje hacia ese propósito. De esta forma, sabrán cuánto tiempo demora uno en ahorrar cierta cantidad de dinero.

Los padres deberán considerar seriamente darles un monto de dinero a sus hijos de acuerdo con los trabajos requeridos de la casa y también oportunidades para ganar un poco más. Cada vez que quieran comprar algo, tus hijos deberían contestar tres preguntas: ¿Aprenderé algo de esto?, ¿El precio justifica el valor agregado?, ¿Ya tengo uno de estos?

ENSÉÑALES EL VALOR DEL DINERO A TUS HIJOS

En estos tiempos, la mayoría de los niños no le dan valor al dinero; crecen en una sociedad consumista y quieren tenerlo todo y, encima, tenerlo ya.

Muchos padres intentan compensar con regalos la falta de tiempo para dedicarles, y la frugalidad de las generaciones anteriores muchas veces les genera la idea de que a los niños no les debe faltar nada. Los hijos piden y los padres dan. Puede ser por comodidad, para evitarles las comparaciones con sus amigos o, simplemente, porque quieren que sus hijos tengan todo lo que ellos no pudieron tener. Sin embargo, aún con las mejores intenciones, el resultado es que el niño no aprende a darle importancia al dinero, ni al esfuerzo necesario para conseguirlo.

Los caprichos y pedidos desproporcionados son habituales en muchos niños y no sólo en los de las familias adineradas. Pero para darles una buena educación, es importante que, sea cual sea el nivel económico de los padres, se les enseñe desde pequeños que no se puede tener todo y menos aún tenerlo en el mismo momento en que se les antoje. Deben aprender que la felicidad no está relacionada con "tener" sino con "ser" y con la importancia de los valores como el esfuerzo y la generosidad.

Criar niños con conocimientos, que entiendan la importancia de la responsabilidad y la educación financiera puede ser una de las tareas más difíciles de los padres en el entorno económico actual. De hecho, una encuesta reciente revela que más del 80% de los padres desea ser mejor modelo de conducta financiera para sus hijos con respecto a los temas importantes de la administración del dinero; sin embargo, carecen de la educación y las habilidades necesarias para aprovechar las oportunidades para darles una enseñanza práctica e interactiva.

¿Cómo puedes empezar a educar a tus hijos acerca de los principios financieros básicos de ganar, gastar, ahorrar y dar? Y, más importante aún, ¿cómo puedes cultivar y reforzar ese aprendizaje de la administración integral del dinero y de las habilidades necesarias para que con el tiempo se conviertan en adultos seguros y responsables financieramente? Aquí les comparto una anécdota personal para ilustrar una manera de tomar las situaciones que se presentan y transformarlas en una enseñanza financiera a cualquier edad.

En el año 2005, mi hijo tuvo que hacerse responsable, literalmente, cuando estaba en el jardín de infantes y decidió cortar la camisa de alguien con sus tijeras de punta roma. No sólo pidió disculpas, sino que le pedimos una contribución de dinero para comprar una camisa nueva para el "amigo". Tuvo que recurrir a su alcancía. A pesar de que tenía cinco años, se dio cuenta de que algunas de las cosas que daba por sentadas (como los uniformes) tienen un valor monetario, aparte de las otras lecciones que aprendió del incidente.

Ahora, en 2011, está ahorrando dinero para un iPad. Nosotros no quisimos comprárselo. Por eso, ideó un gráfico que muestra la cantidad de dinero que ha ahorrado, lo que todavía necesita reunir y lo que puede hacer para alcanzar su meta. El resultado del ejercicio ha sido interesante porque hizo que pensara en diferentes opciones y en el tiempo necesario para alcanzar su meta. Las columnas que creó para sus fuentes de ingresos son: regalos de dinero de la familia (en ocasiones especiales), trabajos varios, tareas domésticas, la venta de cosas viejas, contribuciones de papá/ mamá.

Ha estado muy activo realizando tareas para la familia y amigos que de otra manera necesitarían ayuda externa (lavado de coches, limpieza de desagües, etc.) a cambio de una remuneración.

Además, durante nuestra limpieza anual de "regreso a la escuela", pensó en dar en consignación (o re-vender a través de eBay o Amazon), algunos de los libros, juegos, juguetes y otros artículos que ya ha dejado de usar, pero que aún están en excelente estado, en vez de tirarlos simplemente como cosas inútiles. Se las ha arreglado para ahorrar y está a medio camino de su meta. Como resultado, parece tener una mejor comprensión y apreciación del valor de las cosas que se desean y se adquieren —y apenas estamos empezando.

Tú también puedes comenzar a ayudar a tus hijos a aprender a tomar decisiones financieras informadas a medida que van creciendo, aprovechando determinadas circunstancias para enseñarles las habilidades necesarias según su edad. Les recomiendo los siguientes puntos de partida, de acuerdo a cada etapa de su pequeña juventud.

Los niños de dos a seis años

El manejo del dinero es una parte tan natural de la vida que ni siquiera tienes que buscar el tiempo para hablar de él; simplemente aprovecha las oportunidades que se presentan cotidianamente. Por ejemplo, cuando tus hijos te acompañan al cajero automático y te ruegan que los dejes apretar los botones, explícales cómo llegó el dinero allí. Asimismo, una visita a tu oficina o lugar de trabajo los ayudará a comprender de dónde viene el dinero que usan todos los días o el que depositan en el banco.

Cuéntales la historia del dinero, que se inventó hace miles de años y que las primeras civilizaciones comerciaban con minerales valiosos, con cacao, con oro, plata, madera y animales en lugar de usar monedas, y usaban el trueque para cambiar cosas que les sobraban por otras que necesitaban.

Por ejemplo, los pueblos que se dedicaban a criar animales, intercambiaban animales y sus productos. Los que se dedicaban a la agricultura, intercambiaban cereales y productos de la tierra. Los que vivían cerca del mar, usaban conchas marinas y sal. Sin embargo, como los frutos envejecían, los animales se morían y la sal se disolvía con la humedad, se les ocurrió fabricar dinero con metales como el cobre, el hierro o el bronce, y así nació la moneda.

En cada país, el gobierno, a través de su banco central, es el encargado de emitir dinero en monedas y billetes y, así como nosotros tenemos un nombre y apellido que nos distinguen de los demás, los países utilizan diferentes nombres para su dinero. Explícales a tus niños que el dinero circula, va de una persona a otra. Cuando compramos algo y entregamos el dinero al dueño del negocio o a un empleado, esa persona guarda el dinero en un lugar seguro, como en una caja de seguridad o en el banco. Luego, usa el dinero para pagar a sus empleados, proveedores, etc.

Muéstrales las diferentes monedas y pídeles que escojan una. O hazlos elegir entre un billete y un cheque. Como los niños de alrededor de tres años todavía no comprenden los conceptos abstractos, generalmente elegirán la moneda más grande, aunque no sea la de mayor valor y probablemente escojan el billete antes que el cheque. A medida que vayan creciendo, entenderán los distintos valores.

Habla con tus pequeños sobre lo que es más importante para ellos a esta edad. Explícales la diferencia entre necesitar y querer y genera conversaciones que les enseñen valores y actitudes positivas.

A los que se acercan a los seis años, enséñales cómo integrar sus conocimientos básicos de matemáticas, por ejemplo, preguntándoles: "Si tienes un dólar y medio, y ganaste dos dólares más, ¿te alcanza para comprar una pizza en el centro comercial?".

Promueve en ellos el hábito de ahorrar dinero, en vez de gastarlo inmediatamente, regalándoles una alcancía para que lo guarden y puedan ir contándolo para saber cuánto les falta para alcanzar una meta determinada. No serán muy buenos todavía para comprender los conceptos abstractos, pero sí tienen una imaginación increíble y no tienen ningún problema para visualizar. Diles que imaginen cómo se sentirán cuando hayan logrado su meta y estén disfrutando de su nueva bicicleta, juguete o lo que deseen.

Si quieren un juguete, divide el costo por cuatro y dales esa cantidad por semana para que la guarden y, al final de las cuatro semanas, tendrán suficiente para comprarlo. A esta edad es bueno llevarlos a hacer donaciones y compartir el tiempo en una organización de ayuda a la comunidad.

Aprovecha recursos en Internet, como la página web de Plaza Sésamo, disponible en inglés y en español, que recientemente lanzó una campaña llamada "For me, for you, for later" (Para mí, para ti, para después) destinada a enseñarles a los niños el valor del dinero y a explicarles la importancia del ahorro. Para eso crearon una serie de capítulos, que se pueden ver en este enlace: www.sesamestreet.com/save. Aquí muestran cómo, si guardan algo de dinero, pueden usarlo para comprar cosas incluso mejores de lo que habían pensado.

También hay actividades destinadas a padres y maestros para que enseñen a los niños a distinguir las cosas que tienen valor de las que no, así los capacitan para que puedan tomar sus propias decisiones financieras en el futuro de manera responsable.

Los niños de siete a trece años

Es muy posible que a los niños de esta edad no les interese la economía mundial o por qué hay que cuidar el dinero, pero les puedes decir que hay una cantidad de dinero limitada en el presupuesto de la familia. No cedas ante cada uno de sus caprichos.

Recuerda que no es malo negar pedidos y poner límites. No estás privando de nada a tus hijos, sólo les estás enseñando una lección importante sobre la economía familiar: aprender a retrasar la recompensa para ganarse lo que desean. Después de todo, la comida y otros gastos están antes que los juguetes.

No solo ellos desean cosas. Diles cómo te sientes cuando ves algo que quieres pero que no puedes comprar por el momento. Explícales que la unión hace la fuerza: a veces individualmente las metas son muy difíciles de alcanzar, porque nuestros recursos son pocos o porque el tiempo para lograrlas es muy largo, pero como grupo familiar son más fáciles y llevaderas y el tiempo puede ser mucho menor si todos en la familia ayudan. Ahorrar entre todos para irse de vacaciones puede ser una forma más de involucrar a todos en el proceso de planificación.

Los niños son negociadores natos, siempre quieren ver más televisión, siempre quieren dormir cinco minutos más, siempre tienen un argumento para sacarle más provecho a cualquier situación. Entonces, es fácil hacerles ver que pueden usar esa habilidad para negociar en los casos que tengan que ver con su dinero.

Es importante que nuestros hijos aprendan que el dinero también debe servir para ayudar a los demás. Una manera de estimularlos es alentarlos a cuidar sus juguetes para que luego puedan donarlos a otros niños.

Sigue aprovechando las diferentes situaciones para demostrarles cómo tomas tus decisiones cuando pagas la cuenta en el restaurante, compras en el supermercado y vas al banco. Los niños observarán y recordarán el patrón de tus valores financieros, así que es vital demostrarles un comportamiento positivo y responsable. Enséñales a recibir y dar el cambio correcto y asegúrate de que lo aprendan bien. Demuéstrales el propósito de usar una tarjeta de crédito en las cajas para pagar y enséñales la importancia de guardar los recibos.

Asígnales todos los días pequeñas tareas en la casa y, con el tiempo, proyectos más importantes. Págales más por trabajos más significativos. Eso les enseñará sobre la ética de trabajo y sobre tomar la iniciativa. Explícales la diferencia entre vivir en el momento y ahorrar para el futuro, dividiendo sus ganancias en las tres partes que mencionamos antes: ahorrar, invertir y compartir. Haz el esfuerzo de vincular estas tareas domésticas o trabajos a una asignación regular, para darles experiencias prácticas y herramientas de manejo del dinero que necesitarán como adultos.

Busca un planificador financiero para que te dé sugerencias para enseñarles a tus hijos sobre el dinero. En última instancia, la crianza de niños económicamente responsables y competentes se puede lograr enseñándoles las habilidades esenciales del manejo del dinero, que ellos también podrán transmitir exitosamente a la siguiente generación.

Los adolescentes

Sigue educando a tus hijos sobre cómo ahorrar, invertir, y compartir el dinero, en función a sus necesidades y metas financieras. Aprovecha las oportunidades prácticas de aprendizaje para que tus hijos comprendan los diversos gastos mensuales básicos y los modelos de comportamiento responsable (por ejemplo, leer detenidamente los montos de varios gastos mensuales del hogar, como comestibles, teléfono, electricidad y cable, para destacar la importancia de los presupuestos).

Como ahora ya conocen la finalidad de usar una tarjeta de crédito, debes iniciar y guiar una conversación informativa sobre las ventajas y desventajas del crédito. Enfatiza el hecho de que para mantener un buen historial de crédito es necesario presupuestar cuidadosamente, pagar todas las cuentas a tiempo y mantener un registro exacto de los gastos. Toma una tarjeta de crédito, tarjeta de débito o tarjeta prepagada, cárgala delante de tus hijos y explícales las razones de su uso para los pagos respectivos (la tarjeta de débito está vinculada a la cuenta bancaria, mientras que la tarjeta prepagada se carga con una cantidad limitada de dinero).

Teniendo en cuenta las necesidades de ahorro a corto y largo plazo e incorporando experiencias de aprendizaje, deberías establecer la asignación de una cantidad razonable por mes y supervisar cómo pagan sus cuentas a tiempo. En caso de que tengan dificultades para cubrir sus gastos, diles que vincularás las tareas domésticas o trabajos externos a su asignación regular, así tienen el dinero adicional necesario para cumplir con sus pagos.

Explícales la importancia del interés compuesto. Si tu hijo ahorra US$ 500 y agrega US$ 50 por mes, tendrá más de US$ 500.000 para su jubilación. Enséñales a controlar el dinero. Empieza a darles incentivos por buen comportamiento o por ahorrar. Este también es un buen momento para hablarles de deudas. Finalmente, háblales de la economía y cómo afecta todo lo demás. Evalúen juntos una situación; por ejemplo, qué pasaría si perdieras tu trabajo, qué ajustes tendría que haber en la casa.

Cuando van a la preparatoria, deben estar conscientes de la gran variedad de opciones (ayuda financiera, subvenciones y becas) que hay disponibles para financiar los estudios universitarios. Teniendo en cuenta que el promedio de la matrícula anual de la universidad privada en los Estados Unidos es de US$ 26.274 y el promedio anual de matrícula de la universidad pública es de US$ 7.020, debes conversar con tus hijos e identificar las posibles limitaciones financieras de la familia y, si es necesario, animarlos a contribuir con los ahorros para sus estudios universitarios (por ejemplo, trabajando a tiempo parcial después de la escuela).

Ábreles una cuenta bancaria para que aprendan a manejar su dinero. Enséñales a tus hijos adolescentes cómo reconciliar su propia chequera y permíteles que hagan un seguimiento de sus depósitos y cargos de la tarjeta de débito vinculada a sus cuentas, bajo tu supervisión. Además, enséñales a usar el cajero automático, explícales acerca del sobregiro y promueve la disciplina de verificar en línea con frecuencia las diferentes transacciones de la cuenta bancaria.

A medida que tus hijos se preparan para dejar el nido y siguen desarrollando las herramientas financieras fundamentales para tener éxito fuera del hogar paterno, debes profundizar su comprensión y aplicación del crédito, sacándoles una tarjeta suplementaria de estudiante con límite bajo (por ejemplo, US$ 500), con tu firma conjunta. También puedes enseñarles a desarrollar habilidades prácticas vinculando una tarjeta de débito a su cuenta de cheques para controlar sus gastos.

Enséñales a tus hijos adolescentes cuáles son los costos que implica tener un auto y usarlo (gasolina, seguros y mantenimiento). Habla con ellos y evalúa si deben contribuir a financiar los gastos del coche.

Los estudiantes universitarios

Recuérdales que protejan su información personal y financiera en la universidad (o sea, que no den el número de Seguro Social o números de cuentas bancarias, y que eviten pagar las cuentas desde un lugar público). Que sepan que deben proteger sus contraseñas y destruir todos los documentos en papel con información de su tarjeta de crédito y números de cuentas bancarias antes de tirarlos a la basura.

Enséñales la práctica de la negociación haciendo que llamen al número gratuito de servicio al cliente para tratar de bajar el precio de su factura de teléfono celular (que comprueben si la empresa puede darles un mejor precio o si tienen planes alternativos).

Resalta la importancia de construir un historial crediticio sólido (por ejemplo, para comprar su primera casa o un coche) e instrúyelos sobre las disposiciones de las leyes vigentes sobre tarjetas de crédito. Asegúrate de que tus jóvenes menores de veintiún años estén conscientes de que para abrir una cuenta de tarjeta de crédito necesitan comprobar ingresos o tienen que firmar conjuntamente contigo.

Explícales que como cosignatario, puedes autorizar el aumento del límite de crédito. Al enseñarles a tus hijos a usar responsablemente las tarjetas de crédito, puedes reforzar su aprendizaje revisando con ellos cómo se aplican los cargos por intereses y destacando la importancia de cargar a la tarjeta solo lo que pueden pagar cada mes, excepto en casos de emergencia. Dado que, en promedio, los jóvenes graduados tienen US$ 4.100 de deuda de tarjetas de crédito, es imprescindible que tus hijos universitarios entiendan la enorme responsabilidad que implica usarlas y que sepan manejar correctamente sus finanzas personales.

Aplica tus conocimientos y tus propias herramientas para presupuestar al enseñarles a tus hijos universitarios a hacer una lista y a evaluar todas sus fuentes de ingresos (becas, ingresos por estudio y trabajo) y a hacer el seguimiento de sus gastos fijos y variables (es decir, la renta mensual, pagos del coche y la comida). Insiste sobre la necesidad y la disciplina de hacer presupuestos con frecuencia para mantener el control sobre el ahorro y los gastos.

Como ya te habrás dado cuenta, un plan financiero es exitoso si tiene el entendimiento y el apoyo de la familia. Empieza a involucrar a tus hijos lo antes posible.

EN ÉPOCAS DE CRISIS

Hoy en día, todo el mundo habla sobre dinero: las viviendas se están desvalorizando, más familias se están enfrentando a la ejecución de sus hipotecas; el precio del combustible, de la energía y la cuenta del supermercado están subiendo; y la incertidumbre hace que todos nos tengamos que ajustar los cinturones.

Pero, ¿cómo les explicas todo esto a tus hijos? Evidentemente, tendrás que decirles que habrá circunstancias particulares en la vida familiar con limitaciones reales, que determinarán la cantidad de dinero para gastar y que hay que saber vivir con esas limitaciones.

Sé honesto con tus hijos, pero no les digas más de lo que necesitan saber. Evita sobrecargarlos con demasiados detalles o preocupaciones que podrían asustarlos. Dales explicaciones breves sobre los cambios que sufrió el presupuesto familiar. Si tienes claro lo que quieres decir, los cambios que se realizarán y cómo afectarán a tus hijos, te resultará más fácil. Alentar a los niños a encontrar maneras creativas de ahorrar o de ganar dinero no solo les permite sentirse capacitados sino que también les hace sentir que están ayudando.

Aprovecha la conciencia ecológica que tienen los niños y jóvenes de hoy. A veces podemos pensar que las pequeñas acciones que realizamos en casa no tienen una verdadera influencia a nivel global. Sin embargo, la realidad es que el mundo está compuesto de individuos y lo que produce los cambios (para bien o para mal) es la suma de todas las acciones individuales y colectivas.

Si adoptamos medidas que ayuden a conservar el planeta, podemos generar un ahorro significativo en nuestras finanzas familiares, dado que ahorrar en electricidad, agua y gas significa un monto menor a pagar cada mes, además de un granito de arena para cuidar nuestro planeta.

Como nuestros hijos son parte fundamental de la familia, les haremos un gran regalo al enseñarles cómo cuidar nuestro planeta y, a su vez, cómo contribuir con la economía familiar. Esto lo puedes lograr involucrando a tus hijos en el buen uso de la energía eléctrica, el gas y el agua. Al hacerlos participar activamente, los ayudarás a tomar conciencia de la importancia de cuidar el planeta y brindarle apoyo a la familia, y seguramente se sentirán emocionados y motivados.

Consejos esenciales para tu vida y la de tus hijos

Primero y principal, siempre recuerda y pon en práctica la regla de tres para mantener tus finanzas en orden: ahorrar, invertir y compartir. Lo que siguen son listas de consejos que utilizan padres de familia de todas partes del mundo. Apréndelos, aplícalos y compártelos con tus seres queridos.

Ahorrar

- Para comenzar, es importante comprender y explicarle a tu familia cómo funcionan los bancos, así tienen una visión más clara de la ida y venida del dinero.
- Abre una cuenta de ahorros y/o corriente para tus hijos y enséñales la diferencia entre ambas.
- Ahorra un porcentaje de lo que ganes para darte un gusto, como vacaciones, pero primero y principal: ahorra para la educación de tus hijos y tu vejez.
- Si como padre o madre te atienes a solo comprarles juguetes a tus hijos para sus cumpleaños o las fiestas de fin de año, les podrás enseñar que durante el resto del año ellos se pueden comprar lo que quieran con su dinero ahorrado, y así les recalcas que el ahorro es la herramienta clave para alcanzar estas y muchas metas más.

Invertir

- Una buena manera de ver dónde va tu dinero es anotar todo lo que gastas y sumarlo; te asombrarás y te ayudará a mejorar tu presupuesto diario, mensual y anual.
- Siempre revisa cada recibo y factura, esto te ayudará a reducir tus gastos.
- No inviertas más del 30% de tus ingresos en una hipoteca o renta.
- Evita las deudas, no vivas del crédito (las tarjetas son únicamente para emergencias) y solo pide un préstamo al banco si lo puedes pagar.
- Siempre gasta un poquito menos de lo que ganas, nunca compres nada que no puedas pagar en efectivo y limita tus gastos dependiendo del dinero que tengas, así evitarás vivir endeudado.
- Compra algo por "necesidad" y no "por el gusto de" y ten en cuenta que cuando uno compra algo nuevo, es bueno desprenderse de algo viejo.
- La paciencia es la compañera de la sabiduría: todos los productos siempre llegan al descuento, ¿por qué pagar el precio regular?
- Aprende el valor de las cosas así podrás disfrutar de la vida y darte un gusto de vez en cuando.

Compartir

- Bríndales dinero a tus hijos de acuerdo con sus responsabilidades o entrégales una cantidad equivalente a su edad por semana.
- Los niños deben saber la diferencia entre la satisfacción inmediata y la felicidad.
- Involucra a tu familia en tus decisiones financieras, así to-

dos los miembros aprenderán a comunicarse abiertamente entre sí.

- Siempre ten un plan de herencia claro y bien comunicado.
- Enséñales a los niños a cuidar sus juguetes; después los podrán vender o donar.
- Aprecia lo que tienes; no envidies a los demás.
- Si prestas dinero, que sea una cantidad que puedas perder. Considéralo como un regalo; si te lo devuelven, mejor.
- Protege a tu familia.

DIEZ ENSEÑANZAS DE PADRES QUE PUEDES APLICAR EN TU FAMILIA

1. En mi familia hablamos de dinero lo antes posible y empezamos cuando los niños van a la escuela. Mis padres nos dieron una alcancía para guardar el dinero y nos dijeron que el dinero viene con reglas. Al principio era frustrante no poder gastarnos todo, pero nos acostumbramos. Una vez a la semana, mis padres hacían un concurso y pesaban la alcancía; la que pesaba más recibía un porcentaje de interés. Durante la época de los regalos, mis padres nos daban permiso de usar la alcancía para comprarnos un regalo. Aprendí muy rápido que era mejor esperar a fin de año que comprarme caramelos durante el año. Cuando era adolescente, cambiamos la alcancía por una cuenta de banco para depositar nuestro dinero semanal. Cada vez que necesitábamos sacar dinero, teníamos que tener una conversación sobre el propósito del gasto y, preferiblemente, un papel escrito y con diagramas para convencer a mis padres de que valía la pena. Cuando llegó el momento de comprar el auto, mis padres nos dijeron que ellos solo pagarían el 50%. Nos esforzamos tanto en ahorrar que al final nos compramos el carro que más nos gustaba. Ya de grandes, nos

recordaron la regla del 25%, para gastar, ahorrar, invertir y para lo que quisiéramos.

2. Yo quería viajar a Europa cuando fuese adolescente; mi padre me daría el dinero para el viaje siempre y cuando yo pagara mi pasaje. Como todavía era una niña, me tomaría dos años ahorrar el monto pero, para sorpresa de todos, lo hice en un año: trabajando, enseñando, vendiendo tarjetas, haciendo tareas para mis abuelos. Para mí fue una maravillosa forma de aprender y ahora lo puedo hacer con mis hijas. Ellas querían viajar y nos reunimos a evaluar cómo podían ganar el dinero para el pasaje. Haciendo mandados para los vecinos y realizando pequeñas tareas, se mantuvieron enfocadas y llegaron a reunir el monto necesario. Es importante trabajar para llegar a una meta, no importa cuál sea el trabajo, siempre con dignidad. Ahora tienen su propio negocio.

3. En vez de darles una solución a sus planes y sueños que dependerán de las finanzas, involucramos a nuestros hijos: tuvimos una reunión familiar y hablamos del costo y beneficio de gastar hoy versus ahorrar para el futuro. Hablamos del presupuesto, los gastos, los planes de retiro, la meta de no tener muchas deudas y el costo de ir a la universidad. Les preguntamos a ellos qué querían hacer. Este ejercicio hizo que aprendieran a apreciar lo que nosotros tenemos que evaluar como padres.

4. Nosotros decidimos darles a nuestros hijos un monto de dinero semanal, dividido en tres partes: para gastar, ahorrar y usarlo en obras benéficas. Ellos escogieron las organizaciones a las que querían donar. Esto les enseñó el valor del dinero y cómo priorizar sus presupuestos.

5. Cuando mi hijo era niño le enseñé su cuenta de ahorros y, para explicarle las inversiones que había dentro de la cuenta, le enseñé los reportes de cada empresa. Le compré Disney y Pepsico. Aprendió que Pepsico no solo producía bebidas sino también comidas. Miraba los gráficos y hacía muchas preguntas. Decidió tomar sólo productos de Pepsico y Disney, que eran las acciones que tenía. También le enseñé a buscar información sobre estas empresas en Internet. Apenas aprendió a comprar y vender, duplicó su dinero.

6. Desde niña, mis padres me daban un monto semanal para mis comidas y cine y ellos pagaban mi ropa y regalos. También esperaban que yo trabajara. Cuando tenía catorce años, quería comprarme una bicicleta pero no tenía todo el dinero; mis padres me prestaron el monto con interés y los pagos fueron deducidos de mi semana. No funcionó muy bien porque ellos me seguían dando dinero extra.

7. En mi familia solo ahorran, pero no tienen el concepto de cuánto cuestan las cosas. Es necesario hacer que ellos también aprendan a gastar su dinero.

8. Abrimos un "banco" en mi casa. Nuestros hijos depositan dinero, les damos su recibo y sobre el monto total se les paga interés el último día del mes. El primer mes les expliqué cuánto podrían ganar en interés si no se gastaban todo su dinero. Cuando piden cosas insignificantes, que no valen la pena, les digo que usen su propio dinero.

9. Cada vez que teníamos un cumpleaños, mi hija quería un regalo para ella también. Entonces decidí darle una asignación semanal de una cantidad equivalente a la mitad de su edad. Para el campamento al que quiere ir durante las vacaciones, le dije que si ahorra la mitad yo le daré la otra mitad.

10. A mi hija le di una tarjeta de crédito a la que cargábamos todo lo que yo me gastaba en ella y revisamos la cuenta juntas. Después le abrimos una cuenta en el banco con su dinero semanal y el monto debía cubrir el pago de la tarjeta de crédito. Le enseñamos cuánto cuesta vivir antes de que partiera a la universidad.

Pautas básicas sobre el dinero

- Para crearlo: habla con tu hijo sobre la importancia del trabajo y ayúdalo a desarrollar habilidades que le permitirán obtener ingresos altos en el futuro.
- Para ahorrarlo: el ahorro es la cimentación de las finanzas personales. Es lo que nos permite cubrir emergencias, gastos imprevistos y, mejor aún, nos permite la oportunidad de invertir en un negocio que aumente nuestro patrimonio. Por ende, es una pauta clave que le debes inculcar a tu hijo desde un principio.
- Para invertirlo: regálale a tu hijo una suscripción a una revista financiera, cómprale libros, bríndale objetos que lo ayuden a comprender el uso del dinero.
- Para darlo: muéstrale a tu hijo la felicidad que da poder ayudar a otros.
- Para gastarlo: Enséñale a comparar con descuentos, a negociar con los comerciantes, a gastar en necesidades en vez de caprichos, etc.

PREGUNTAS Y RESPUESTAS SOBRE LOS NIÑOS Y EL MANEJO DEL DINERO

¿De qué manera un padre de familia puede educar a su hijo en el manejo adecuado del dinero?

La clave está en la palabra "adecuado", y eso va a depender mucho de los valores, hábitos y costumbres de los padres, y es muy probable que usen el mismo "método" que ellos aprendieron. Un niño aprende con dibujos, ejemplos y experiencias. Lo más importante es demostrarles la diferencia entre gastar lo mismo todos los días para comprar algo pequeño y juntar para comprar algo más grande y duradero a largo plazo. Primero, enséñales el origen, cómo se gana, luego cómo planificar para el futuro y por último, cómo se distribuye. Daniel, un profesional al que asesoré, detesta hacer presupuestos y sólo me dice: "Dime cuánto tengo que ganar para poder jubilarme". Conocí a su hijo en un taller y no tenía ni idea de lo que es un presupuesto, ni cómo administrar su dinero porque, simplemente, siempre le dan lo que necesita.

¿Qué elementos son clave para inculcar el valor del dinero a los niños sin que se convierta en una obsesión o adicción?

Dependerá mucho del comportamiento de los padres hacia el dinero, las experiencias, asociaciones y reacciones. Algunas virtudes que ayudarán a adquirir un buen hábito: ser consciente de usar sólo lo que uno necesita; la organización; guardar cosas que no son necesarias hoy; compartir con otros y aprender a contar; la diferencia entre querer y necesitar; cómo fijar metas; cómo ahorrar, hacer crecer el dinero y presupuestar. Alicia, por ejemplo, siempre tuvo todo lo que quería y no necesitó esforzarse para conseguir nada. Ahora que es adulta, gana un salario normal. No le alcanza el dinero para vivir y, muchas veces, aún depende de sus padres para cubrir sus gastos.

¿Cómo puedo equilibrar los caprichos de mis hijos?

La mejor forma es que aprendan lo antes posible a "ganarse" el dinero como retribución por tareas, méritos, notas, buen comportamiento, etc. Es importante que sea siempre en la misma ocasión y que el monto tenga relación con lo hecho. Hay que enseñarles a tomar decisiones. Mi padre aplicó un sistema conmigo para la compra de mi primer auto. Me dijo que lo compraría con mis notas de la universidad y me costó mucho estudio. Asignó una cantidad a las "A", otra a las "B" y si sacaba una "D", no recibía nada.

¿Cómo puede identificar un niño en qué es o no es recomendable gastar?

Considera darle un porcentaje de interés por cada monto ahorrado. Enséñale cuánto dinero podrá ahorrar si no gasta sus ahorros. Enséñale la diferencia entre gastar en algo necesario y algo que simplemente quiere. Por cada cosa que quiera comprar, debería responder cuatro preguntas: ¿lo necesito?, ¿me sirve para algo más?, ¿existe una alternativa más económica?, ¿cuánto durará?

Cuando los padres de familia son divorciados, el manejo del gasto y la complacencia con los hijos se puede volver complicado, ¿qué hacer en estos casos?

Primero, hay que asegurase de tener un presupuesto en común. Segundo, evitar diferencias de montos entre padres. Tercero, dividirse los gastos proporcionalmente. Cuarto, tener reuniones familiares semanalmente para revisar las finanzas de la familia.

Quinto, compartir el presupuesto. Y recuerden enfocarse en cosas que no son materialistas.

Algunos padres aplican el sistema de las mesadas ¿cómo puede equilibrarse y qué prioridades se deben tener en cuenta?
Es importante que te asegures de que el monto tenga relación con tareas realizadas, por ejemplo, poniendo en práctica una planilla de trabajo/esfuerzos. Luego, dales a tus hijos la oportunidad de hacer un presupuesto para su ropa, y no vayas a darles ningún adelanto, así aprenden a manejar lo que tienen. Finalmente, si tienes más de un hijo, basa la mesada en la edad de cada uno para evitar conflictos entre hermanos.

TAREA PARA LA FAMILIA

Actividades divertidas y económicas para hacer con tus hijos
Las siguientes actividades las pueden practicar con sus niños como juegos para que ellos puedan aprender el verdadero significado del dinero.

A los más pequeños les divertirá jugar a la "tienda o mercado". Busca en Internet imágenes de billetes, imprímelos en papeles de distintos colores y asígnales un valor, o usa el dinero que traen algunos juegos de mesa. También puedes sugerir que ellos dibujen y diseñen su propio dinero. Dale valor a diez cosas que tengas en la cocina y entrégales a tus hijos un presupuesto menor al total del valor de las diez cosas, así no les alcanzará para comprar todo. De esta manera pueden pensar en qué combinación será mejor y por qué. Luego les puedes preguntar qué harán con lo que se ahorraron.

Para ayudar a que los niños pequeños tomen conciencia de cómo mejorar el presupuesto en casa y ayudar al medio ambiente, inventa un juego en el que ellos tengan el papel de "inspector o cuidador" para que identifiquen maneras de ahorrar en la casa. Por ejemplo, que se fijen si hay luces encendidas sin necesidad, si hay fugas de agua o si pueden reciclar cosas que ya no usen. Para los niños en edad de investigar en Internet, pídeles que investiguen sobre formas de cuidar el planeta y, al mismo tiempo, ahorrar en la casa.

La diversión no se reduce a ir a un centro comercial o una tienda, puede ser salir a pasear en bicicleta todos juntos, ir al parque, visitar ventas de garaje, ir a conciertos, eventos de la biblioteca, museos y a otros eventos deportivos, culturales o artísticos locales. De esta manera les enseñarás a tus hijos que no es necesario gastar dinero para pasarla bien y compartir un rato juntos.

Otras actividades que pueden ser divertidas y, al mismo tiempo, sirven como oportunidades valiosas para enseñar sobre el dinero y la economía son las visitas a Casas de la Moneda, Bolsas de Valores, diferentes fábricas, etc. Arma esta salida como si fuera una excursión o busca si existen visitas guiadas en algunos de estos sitios, para transformarla en una salida educativa.

Ejercicios
Lee las siguientes afirmaciones:

a. El dinero debe ser un medio para el bienestar y no un fin para amasar riqueza, sacrificando el bienestar de la familia.

b. Nunca se debe dar a los hijos compensaciones en dinero para motivarlos, porque refuerza la noción de que el dinero es un fin.

c. Los hijos deben conocer la importancia del dinero como recurso y que debe ser bien utilizado; si no se administra bien, si se desperdicia, más adelante hará falta.

LA FAMILIA Y EL DINERO

¿Cuál de las afirmaciones anteriores funciona y cuál no?

a. Funciona. Siempre alguien en la pareja o la familia debe cuestionar las inversiones. Por muy buenas que parezcan, hay que hacerles lo que se llama la *prueba ácida*: alguien debe preguntar "¿qué pasa si...?".

b. No funciona. Motivar solo por dinero no es suficiente, deberá haber un plan detrás de cada monto monetario que les das, por ejemplo, ser buenos estudiantes para ser buenos profesionales. Entrégales dinero basado en una escala con significado, dependiendo del trabajo y tiempo que lleve cada tarea, así ellos sienten y aprenden la relación entre el trabajo hecho con el dinero recibido, y cómo al esforzarse un poquito más pueden terminar ganando más.

c. Funciona. Se debe hacer una planificación o priorizar las inversiones, no se puede tener todo al mismo tiempo, los recursos no son ilimitados.

Las familias exitosas siempre tienen una visión, una misión, valoran la educación, invierten en la siguiente generación y participan para ayudar a la comunidad. Si vemos a la familia como un negocio, los activos son sus miembros, su misión es el bienestar de todos y cada uno, su meta es crecer financiera y humanamente y, para crecer, tendrá que funcionar como una empresa.

Hazte estas cuatro preguntas para reflexionar sobre quién eres y cuánto te conoce tu familia.

1. ¿Cuál era tu sueño cuando eras adolescente?
2. ¿Qué te motiva?
3. ¿Qué saben tus amigos de ti que tu familia desconoce?
4. Si tu familia te pudiese dar un regalo, ¿cuál sería?

Al conocerte mejor a ti mismo, podrás encontrar tu personalidad financiera y comunicarla más claramente con tu familia, así como ver qué cosas puedes mejorar. El siguiente capítulo te ayudará a profundizar esta investigación interna para comprenderte aún más y ver el papel importante que cumple toda familia en la vida financiera de cada uno de nosotros.

2

Tu familia es la conexión
a tu educación financiera

Si bien las habilidades financieras se aprenden, los valores y las actitudes frente al dinero forman parte de tu legado familiar, o bien son innatos e instintivos, o una mezcla de ambos. La *educación financiera* es la habilidad de tomar decisiones informadas y exitosas sobre el uso y el manejo del dinero

Algunos piensan que sus familias no tienen nada que ver con la manera en que manejan su dinero; sin embargo, creo que la familia tiene mucho que ver con la forma en que piensa y se comporta la nueva generación respecto del dinero. Puede que tú no necesariamente manejes el dinero de manera idéntica, pero los valores y actitudes que tenían tus padres y abuelos frente al dinero influyen fuertemente en la relación que tienes con él hoy en día.

Paúl, un cliente mío, es un empresario exitoso. Al igual que él, su padre también fue exitoso en una época, pero luego perdió todo y se vio forzado a dejar a sus hijos. Paúl creció con la idea fija de ser el mejor, de comprometerse y ayudar a la comunidad. Ha fundado y forjado dos empresas desde cero.

¿CUÁL ES LA EDUCACIÓN FINANCIERA DE TU FAMILIA?

En mi experiencia trabajando con familias, la educación financiera frecuentemente influye en el sistema de valores de una familia, sus actitudes y su conducta emocional. He trabajado con familias que son capaces de sacrificar demasiado para legar a sus hijos un patrimonio lo más voluminoso posible, y también he trabajado con otras que prefieren gastar hasta el último centavo antes de morir.

Para descubrir la educación financiera de tu familia, primero debes comprender la dinámica de cada uno de sus miembros. Por ejemplo, siempre me pregunté por qué mi padre le preguntaba a mi madre, "¿Lo quieres o lo necesitas?", antes de comprar algo de un valor elevado. Curiosamente, me enteré de que mi abuelo también solía hacerle la misma pregunta a mi abuela.

La educación financiera es un chip generacional con el que naces y, a menos que hurgues en tus orígenes, no llegarás a comprender cuáles son tus tendencias y conductas. Durante tu vida, este tesoro del pasado, sumado a tus propios ingredientes, te ayudará a consolidar tu personalidad financiera y tu motivación.

Todos estamos programados por las familias en las que nos criamos. Somos piezas únicas de un rompecabezas, que juntas forman un sistema. El comportamiento de tu familia, sus actitudes y valores han estado tomando forma a lo largo de muchas generaciones. Algunos lo describen como tu comportamiento heredado o actitudes instintivas. Durante tu vida, este tesoro del pasado, junto con tus propios ingredientes, te ayudarán a construir tu personalidad financiera.

Cada familia es única y tiene su propia personalidad financiera. La clave es la comunicación y el entendimiento de que cada miembro es único y que hay vínculos muy fuertes que conectan las actitudes, comportamientos y respuestas de cada uno.

La teoría de los sistemas familiares de Bowen

Mi interés en las familias creció cuando empecé a leer la teoría de los sistemas familiares de Bowen, que originó el doctor Murray Bowen y deriva de la de Darwin, basándose en la observación del comportamiento de los animales para comprender mejor nuestras actitudes, reacciones y motivación. Su teoría incluye conceptos básicos como los niveles de diferenciación del ser, la familia nuclear, el proceso de proyección familiar, el proceso de transmisión a lo largo de múltiples generaciones, la posición de los hermanos, los triángulos y el desprendimiento emocional.

No es mi intención extenderme sobre todos; el que me resulta más interesante es el de la definición del ser, que implica comprender la función del sistema emocional e intelectual de cada familia. Cuando comprendes más sobre tu propia familia, empiezas a tener más control de tu propia reactividad emocional y te conviertes en una persona más objetiva al aprender los triángulos y el papel que desempeña tu propia reactividad.

La teoría sugiere desarrollar relaciones personales con cada miembro de la familia y evitar hablar con cada uno sobre los demás, sea en tu sistema familiar o fuera de él. No hablar mal sobre los demás es el acelerador para lograr lo que Bowen denominó "crecer", o madurar. Durante el proceso, te conviertes en un mejor observador y estás más cerca de llegar a controlar tu propia reactividad emocional.

Más allá de la familia, también hay un proceso emocional en la sociedad. Los seres humanos estamos apegados a la ansiedad y vivimos en un mundo ansioso. Y cuando estamos ansiosos, tendemos a proyectar con una visión de túnel y nos gusta tener el control. Sin embargo, en este estado perdemos la capacidad de planificar. ¿Hace falta decir más?

Además, vivimos en una percepción que la mitad de las veces es una ilusión. Como criaturas biológicas, estamos regidas por la emoción y reaccionamos a los estímulos externos. ¿Te imaginas esto relacionado con el manejo de nuestras propias finanzas?

Los estudios sobre las familias han demostrado que el nivel de miedo o ansiedad tiene poco que ver con la generación actual y más con lo que las familias han vivido a lo largo del tiempo. Algunos eventos que cambian la vida como la pérdida del empleo, juicios, accidentes y las experiencias que traen aparejados, son ejemplos que pueden pasar de generación en generación.

Cuando hay ansiedad, se altera el equilibrio de la individualidad y del conjunto y eso puede crear relaciones interdependientes. Según Bowen, la ansiedad y el miedo se trasmiten. Los menos ansiosos tienden a pensar, a tener una perspectiva más amplia, a permanecer neutrales y a tener bajo nivel de reactividad, mientras que los más ansiosos tienden a no pensar, tienen escasa perspectiva y tienen una alta reactividad.

De acuerdo con la teoría de Bowen e innumerables investigaciones y análisis de cientos de investigadores en todo el mundo, a lo largo de cientos de años de investigación, podemos sugerir que los rasgos familiares se heredan, no solo en el aspecto físico, genético, sino también en el psicológico y espiritual.

Durante muchos años, los gobiernos han trabajado para ayudar a los individuos a evolucionar económicamente generando más trabajo, disminuyendo o aumentando el suministro de dinero para alentarnos a gastar o ahorrar, esencialmente permitiéndonos alejarnos de nuestro propio comportamiento independiente, sin entender por qué actuamos o reaccionamos de determinada manera. Los medios nos incitan a comprar más cosas, cuando lo que realmente necesitamos es concentrarnos no tanto en hacer crecer nuestro inventario de bienes materiales sino, más bien, en acrecentar nuestro inventario espiritual. Y durante muchos años también, los profesionales como yo, hemos estudiado, creado e investigado las mejores maneras de enseñarles a los individuos el significado de tener un plan de gastos y estados financieros, sin demasiado éxito.

Aprendemos nuestro comportamiento financiero en la casa, observando a la familia y por nuestras propias experiencias. Para aumentar la tasa de éxito de los seres humanos en la educación y comprensión de los temas de dinero, debemos agregar a nuestros planes de estudios información sobre la dinámica familiar. No solo se trata de cifras, se trata de las emociones, sus efectos y, más importante aún, de enfrentar nuestros propios miedos.

Los seres humanos aprendemos con lecciones (experiencias, historia, etc.); algunos comprenden el significado del dinero cuando enfrentan la bancarrota y otros cuando ganan la lotería. Debemos ser capaces de descubrir por cuenta propia qué es lo que dispara nuestras reacciones y dónde se originan, para empezar a comprender nuestras fortalezas y debilidades respecto del dinero.

Para algunos es cultural, hay familias en las que hablar sobre el dinero es tabú, pero para que el mundo esté en una mejor posición todos deberíamos trabajar para alcanzar esta meta. Te recomiendo que seas curioso, que les pidas a los miembros de tu familia que te cuenten historias sobre el manejo del dinero y sus comportamientos emocionales e intelectuales. También pueden escribir una historia familiar para compartir con la siguiente generación o unirse a alguna organización para difundir la importancia de la dinámica familiar en la educación financiera.

El modelo ideal sería que una persona fuese independiente en su pensamiento, sentimientos y valores, pero al mismo tiempo tuviera una conexión emocional e intelectual con la familia y que ambos aspectos se mantuvieran estables.

Solo cuando empecé a aprender más sobre las familias y cómo funcionan, pude entender cómo mi familia y su historia influyeron en mi conducta financiera. Nací en el Perú y mi familia empezó a enseñarme el valor del dinero desde el momento en que empecé a caminar. Desde una edad muy temprana me enviaban sola a comprar helado para que aprendiera a negociar: ciertamente, una conducta poco común en otras culturas. También me enseñaron la importancia del trabajo arduo y el valor del dinero.

Tengo un amigo cercano que se crispa con el solo hecho de pensar en preparar sus impuestos y organizar sus cuentas. Sospecho que la razón es que sus padres tenían pavor y evitaban administrar su dinero como si fuera una peste.

Algo para tener en cuenta

Una cosa es saber manejar el dinero, tener conciencia de los recursos, planificar y otra muy distinta es tener una mentalidad de "carencia". Tenemos que tener mucho cuidado de no transmitir a nuestros hijos este tipo de mentalidad que es muy limitante y desesperanzadora y se basa en la idea de que no hay opciones ni oportunidades y que ningún esfuerzo es suficiente.

A pesar de enfrentar momentos difíciles, debemos siempre tratar de fomentar la "mentalidad de abundancia". Esto significa que eliges creer, percibir y ver el mundo como un lugar lleno de oportunidades y opciones para todos, ves un mundo en el cual hay más que suficiente para todos, un mundo en el cual todos podemos ayudarnos y compartir con los demás. La mentalidad de abundancia es creer que si unimos fuerzas somos más productivos y si nos ayudamos los unos a los otros nos fortalecemos como individuos. Si aplicas este principio a tu negocio o a lo que hagas para ganarte la vida, obtendrás más beneficios de los que obtendrías si crees en la carencia y la limitación.

Si eliges la "mentalidad de carencia" te aferrarás a lo que tengas (sea poco o mucho) y no compartirás nada con nadie. En cambio, si tienes una "mentalidad de abundancia" serás proactivo, podrás establecer relaciones fácilmente porque no verás a los demás como una amenaza, compartirás lo que sabes y lo que tienes, ayudarás a las personas, estarás más equilibrado y sereno. Con una mentalidad de abundancia no hay ningún conflicto para compartir lo que uno tiene.

La "mentalidad de abundancia", igual que la de carencia, es contagiosa, así que siempre trata de enseñarles a tus hijos a pensar positivamente y, fundamentalmente, a creer en sus capacidades. Recuerda la famosa frase de Henry Ford: "Tanto si piensas que puedes, como si piensas que no puedes, estás en lo cierto".

¿QUÉ ES EL ÉXITO?

Para algunas familias, el éxito se ve reflejado en una suma específica. En realidad, el éxito es más que dinero. En su obra *Outliers*, Malcolm Gladwell entrevista a muchas personas ricas y famosas acerca del éxito. No todas las respuestas de sus entrevistados estuvieron relacionadas con el dinero. Dijeron que el éxito tiene más que ver con alcanzar sus más altas capacidades, trabajando arduamente y realizando lo mejor posible sus actividades.

Piensa en qué significa el éxito para ti. Pregúntale a tu familia cómo definen el éxito. Si notas que esta palabra la ligan solo al dinero, trabajen en incorporar otras pautas de éxito en sus vidas, así abrirán las puertas hacia una vida más completa y en el fondo

se sentirán más a gusto. Si bien necesitamos el dinero para sobrevivir, no es todo en nuestras vidas. Recuerda que hay mucha gente
con un dineral, que igual no es feliz porque le faltan los lazos humanos. Lo mejor es encontrar un balance y que el dinero no sea
un fin sino más bien un medio para llegar al fin, como por ejemplo, hacer dinero para llevar a cabo un sueño o para enviar tus hijos a la universidad y así brindarles una mejor vida.

LAS EMOCIONES LIGADAS AL DINERO

Al crecer en el Perú, aprendí tanto acerca del valor del dinero así
como de su componente emocional, debido a un ambiente económico y político inestable. En aquella época, la inflación era alta
y el terrorismo estaba fuera de control. No sabíamos siquiera si
tendríamos cortes en los servicios de electricidad y agua, ni tampoco cuándo sucederían. Gracias a mi crianza, hoy en día veo mis
finanzas como parte de un todo. Veo mis ingresos y ahorros y de-
cido cuidadosamente cómo invertir, manejar y repartir mi dinero.
Pocas veces gasto dinero guiada por mis emociones o impulsos.

Sin embargo, la mayoría de las familias invierte poco tiempo en
planificar su futuro. Esto genera ansiedad y las emociones doble-
gan al razonamiento. Por lo general, ahorrar para la jubilación o
adquirir una póliza de seguros para proteger a la familia está en la
parte más baja de la escala de prioridades, ya que esto implica re-
nunciar a cosas ansiadas en la actualidad como un carro, unas vacaciones o una casa más grande. En teoría, la mayoría de las
personas está comprometida con metas a largo plazo, pero de
pronto aparecen ante nosotros tentaciones y nuestros planes salen
raudos por la puerta. La razón y la emoción compiten frecuentemente dentro de nuestros cerebros.

Durante los últimos quince años he trabajado como planificadora patrimonial con muchas, muchas familias, varias de las cuales inmigraron con recursos limitados, habiendo algunas de ellas heredado sus patrimonios. Desde mi experiencia, los padres inmigrantes, por lo general, luchan con las emociones y el dinero, así también como lo hacen los padres divorciados, en segundas nupcias, los que adoptan o tienen familias mixtas, los que quedan desempleados y los que pasan por arrestos o procesos judiciales. Pero volviendo a los padres inmigrantes, lo que ocurre muchas veces es que quieren y tienden a darles a sus hijos todo aquello que ellos no tuvieron y se enfocan en la familia dejando atrás esos sueños que ellos tenían de seguir estudiando y desarrollándose. A veces el trabajo se vuelve una rutina y el enfoque está en trabajar más para producir más. En algunos casos, aprender nuevas cosas y dominarlas podría no solo facilitarles a llegar a controlar mejor las finanzas, sino también darle un gran ejemplo a la familia de cómo funciona la adaptación y finalmente la evolución. En los Estados Unidos los hispanos tienen el porcentaje más alto de pobreza; es hora de cambiar esta estadística, y la única manera de hacerlo es aprendiendo a manejar el dinero y brindándoles a nuestras familias e hijos una educación financiera sólida que nos lleve a prosperar.

LA GRATIFICACIÓN POSPUESTA

La gratificación pospuesta es la capacidad de esperar a fin de obtener algo que uno quiere —también se conoce como el control de los impulsos, fuerza de voluntad y autocontrol. Durante las primeras etapas de la evolución, los seres humanos no experimentamos la gratificación pospuesta, por lo que ésta va en contra de nuestra naturaleza. Cazábamos cuando teníamos hambre y comíamos lo que matábamos, justo allí y en ese momento. La gratificación inmediata es un instinto primario. Esto puede explicar muy bien parte de lo que está ocurriendo en el mundo actual: la satisfacción inmediata y los impulsos de los compradores por comprar lo que está "de moda" a precios más altos que los del mercado. Debido a nuestra tendencia a comprar lo que queremos cuando lo queremos, es difícil inspirar a las personas a ahorrar para el futuro.

Felizmente, mi familia me enseñó a muy temprana edad, la diferencia entre necesitar y querer. Siempre me decían: "La espera y la paciencia darán sus frutos al final". Cada sábado por la mañana, mis padres me daban una mesada y me recordaban que ahorrase la mitad para un día en que de verdad la necesitara.

Hay estudios que han demostrado que si empiezas a practicar la gratificación pospuesta como, por ejemplo, esperar para jugar a un video juego hasta haber terminado de estudiar para un examen, y haces de esto un hábito, incrementarás tus posibilidades de lograr tus metas a lo largo de tu vida.

LA FAMILIA Y TU CONDUCTA FINANCIERA

En un taller que dicté recientemente para jóvenes profesionales, les pregunté: "¿Qué rol desempeñó tu familia en tu conducta financiera?". A continuación, te presento algunas de sus respuestas. Al leerlas piensa en cómo te ha afectado tu familia en tu camino al éxito y tu educación financiera. También puedes aplicar algunas de estas respuestas en tu vida para crear logros similares.

Kendra, 26 años
Mi familia ha tenido una gran influencia en mi éxito y en mis finanzas. Han sido grandes ejemplos de trabajo arduo y sacrificio, además de ser dedicados conmigo y de brindarme un gran apoyo. Me enseñaron a seguir mi pasión.

Manuela, 25 años

Mis padres me enseñaron a estar contenta con lo que tengo, no con lo que quiero. Valoro las cosas simples de la vida como, por ejemplo, una rosa antes que un ramo. Mis padres me enseñaron que la honestidad está siempre por encima del dinero, sin excepción alguna.

Greg, 29 años

Mi conducta financiera ha estado muy influida por mis padres. Mi papá era un comprador reacio. Tanto él como mi mamá son hasta ahora grandes ahorradores. Si bien son ahorradores, no son tacaños. Hasta la época en que fui a la universidad, muy rara vez usaban una chequera y nunca tuvieron una tarjeta de crédito. Siempre usaron efectivo para todo. Si no tenían efectivo, no lo compraban. Pero de alguna manera, se las arreglaron para darnos todo lo que necesitábamos.

Briona, 21 años

Mi papá no tenía efectivo, solo algunas monedas en la casa. En una ocasión, le dio a mi hermana una lata grande llena de monedas y le dijo que las llevara al banco para cambiarlas por billetes para comprarse un vestido. Esta situación me mortificó mucho. Recuerdo haber pensado: ¿todo lo que tenemos son monedas? Por aquella misma época, mi papá organizó un picnic para los trabajadores de su empresa, algunos de los cuales frecuentemente solían tocar a la puerta de la casa pidiendo "préstamos" que estoy segura nunca fueron devueltos. Miré alrededor del jardín del picnic y pensé que toda esa gente dependía de mi padre y juré nunca más pedirle dinero otra vez —y no lo hice. Conseguí mi primer trabajo de tiempo parcial a los quince años, trabajé durante todo el tiempo que estuve en la universidad y logré graduarme un año antes.

Dileep, 24 años

Mis papás me enseñaron a aprender a amar los negocios y las finanzas. De mi papá aprendí a preparar un presupuesto y a mantener un registro de cada centavo. No recibía mi mesada hasta que las cuentas estuvieran claras y hubiese informado a qué había sido destinado cada centavo. De mi mamá aprendí a negociar y a comprar.

Lola, 25 años

Mis papás siempre estuvieron dispuestos a hablar de asuntos de dinero. Nunca fue un tema tabú como lo es en varias de las familias de mis amigos. Aun teniendo éxito financiero, siempre fueron conservadores con respecto a mostrar su riqueza.

EL SIGNIFICADO DEL DINERO

La palabra *dinero* proviene de la diosa romana de la fertilidad Moneta, en cuyo templo se acuñó la primera moneda. Por lo general, el dinero crea actitudes, valores y conductas dependientes en los niños. Estos niños, al crecer, se convierten en jóvenes adultos que no comprenden el significado del dinero y piensan que éste es un derecho adquirido y no algo por lo que tienen que trabajar duro.

Un día, estaba en la fila de la caja en una tienda de abarrotes detrás de una mujer y su hijo de aproximadamente siete años. El niño estaba frente al estante de dulces y le preguntó a su mamá si podía agarrar una barra de caramelos. Su mamá le respondió que no, porque no tenía el dinero suficiente. Ante lo cual el niño empezó a molestarse y a quejarse. Y le preguntó a su mamá: "¿Por qué no vas simplemente a sacar dinero del cajero? Allí siempre hay dinero". Con algo de suerte, esa mamá luego le explicó al niño cómo llega el dinero al cajero automático.

Otro ejemplo es el sobrino de mi amiga. Nick, de catorce años, ama el dinero, pero no le gusta trabajar para conseguirlo. Quiere pasar todo el tiempo entreteniéndose con video juegos o viendo televisión. Por supuesto, tampoco quiere hacer la tarea o los quehaceres de la casa y mucho menos ordenar su cuarto. Un día mi amiga le preguntó: "Nick, si no haces tus tareas, ¿cómo piensas ingresar a la universidad? Y si no ingresas, ¿qué clase de trabajo vas a tener? ¿Cómo vas a conseguir el dinero para hacerte cargo de ti mismo?". Ante lo cual Nick musitó: "Quiero vivir de jugar video juegos". Frente a esa respuesta, mi amiga solamente se encogió de hombros y le dijo: "Bueno, eso sólo te dará para comprarte una tienda de campaña y una lata de frijoles debajo de un puente. ¡Buena suerte!".

Estas situaciones a veces se pueden prevenir al hablar más claramente sobre el dinero en tu familia y con tus hijos y poner en práctica métodos para que desde muy temprana edad ya comiencen a comprender que el dinero no crece en los árboles, y que los padres no son cajeros automáticos. Si alguno de tus hijos hace un comentario similar, intenta transformarlo en un momento de aprendizaje y luego implementa algún cambio en el hogar para afianzar esta lección y ponerla en acción.

TÚ ERES LO QUE TE ENSEÑAN

Un día, tuve una cita con un hombre que trajo toda su información financiera consigo. Al empezar a revisarla, me dijo: "Tengo setenta años y quiero saber si me puedo jubilar ahora. He trabajado sin interrupción desde los dieciocho. Proyectaba retirarme a los sesenta y ocho, pero mi hija perdió su trabajo hace dos años y no puede mantenerse sola". Le pregunté entonces cuánto la estaba ayudando. "Bueno, le construí una casa junto a la mía para que no tuviese que pagar alquiler y así darle algo de independencia, y pago todas sus cuentas". Cuando le consulté cuántos años tenía su hija, él respondió "Treinta y siete". ¿Cómo es posible que piense que se puede jubilar? No le ha brindado ningún incentivo a su hija para que se encamine, por lo cual seguirá manteniéndola hasta que él se enferme o muera. Siento pena por él, y siento pena también por su hija. Más impresionante aún es que, según una encuesta, 53% de los padres señala que sus hijos todavía piensan que el dinero crece en los árboles.

Otra cliente llegó a mi oficina preocupada por no tener suficiente para sobrevivir. Le pregunté cuánto era su patrimonio total y me respondió que US$ 10 millones. Eso parece suficiente, ¿verdad? Pero cuando le pregunté cuáles eran sus gastos, ella contestó, "Bueno, pago la hipoteca de mi hija, la matrícula de la universidad de mis nietos, el préstamo de negocios de mi hijo…" y la lista seguía. Sus gastos sumaban US$ 1 millón al año. Tiene sesenta y cinco años. A este ritmo, se quedará sin dinero en diez años. Le dije que era necesario tener una conversación con su familia. Al igual que el hombre anterior, esta madre les enseñó muy poco a sus hijos sobre el dinero. Ellos se sienten privilegiados porque sus padres lo permiten.

Ambos casos tienen solución y está ligada directamente a la educación financiera que puedes brindar en tu propia casa. Es hora de evaluar la personalidad financiera tuya y de tu familia y tomar los pasos necesarios para crear conciencia y educación con respecto a cómo se maneja el dinero dentro del núcleo familiar.

Jeffrey, un millonario que labró su fortuna por sí solo, dice que sus padres lucharon para alcanzar un nivel de vida cómodo, así que él aprendió a trabajar y ahorrar a una temprana edad. Es un hombre muy ocupado y exitoso que vive con una sola preocupación: que sus hijos crezcan sin entender el valor del dinero, ya que él ha acumulado mucho más de lo que ellos necesitarán en sus vidas. "Pero", agrega Jeffrey, "si les dejo demasiado, quizás les robe el placer de alcanzar el éxito y el logro".

Laura y Don gastaron cada centavo de su jubilación ayudando a sus hijos y nietos. Ahora solo dependen del dinero que les da el gobierno para vivir. Acaban de declararse en quiebra y perderán su casa. "No podemos culpar a nadie más que a nosotros," comenta Laura. "Esto fue lo que aprendimos: ayuda a tus hijos, pero no de una manera tan fácil que ellos no puedan ayudarse a sí mismos".

Warren Buffett, uno de los hombres más ricos del mundo, planea transferir una gran parte de su fortuna a la Fundación de Bill y Melinda Gates, dejando solo una porción a sus hijos. Buffet comenta, "Una persona muy rica debería dejarles a sus hijos lo suficiente para hacer cualquier cosa, pero no lo suficiente como para que no tengan que hacer nada".

Eugene Lang, el creador de la Fundación "I Have A Dream", comparte el pensamiento de Buffett sobre el tema. Hasta el momento, ha cedido más de la mitad de su fortuna. Pagó la educación de sus tres hijos, pero siempre esperó que ellos fuesen autosuficientes.

El editor de la revista *Forbes*, Steve Forbes, dice, "La manera en que los niños manejan sus circunstancias depende de cómo fueron criados." Así que si aprendiste a respetar y administrar el dinero desde temprana edad en tu vida, y si aprendiste que una vida exitosa es una vida productiva, eres más propenso a vivir según esas lecciones. La gran noticia es que cualquiera puede aprender —incluso tú. No tienes que seguir 100% lo que aprendiste en tu niñez. Puedes adaptarte en cualquier momento si así lo decides.

La historia de Jared

Julie y Justin se casaron cuando todavía estaban en la universidad, ambos tenían cerca de veinte años. Los dos trabajaron a tiempo completo para pagar su educación. Tuvieron que vender su carro y sus instrumentos musicales para seguir estudiando. Aprendieron a apreciar el valor del dinero.

Luego de graduarse y conseguir trabajos, tuvieron un bebé al cual llamaron Jared. Poco tiempo después, decidieron que también le enseñarían a Jared el valor del dinero. Pensaron que era el mejor regalo que le podían dar. A la edad de cinco años, le dieron una mensualidad con opciones: podía gastar todo de golpe o guardar una parte y comprar algo grande más adelante. Sus padres discutieron los pros y contras de ambas situaciones con él. A los siete años, Jared comenzó a hacer más tareas en el hogar de las que le asignaban para obtener una mayor mensualidad.

Si necesitaba más dinero, por cualquier motivo, tenía que llenar una solicitud para explicar por qué y para qué lo necesitaba. Sus pedidos no siempre eran aceptados; cuando sus razones no eran buenas, no recibía el dinero adicional. Jared fue estimulado para obtener buenas notas en el colegio y fue recompensado cuando lo hizo. A los once años, había ahorrado suficiente dinero para invertir en la bolsa de valores —dinero que planeaba utilizar para su educación universitaria.

Se graduó de la universidad y decidió ir a una escuela de postgrado. Su padre pagó la mitad del costo y Jared pagó la otra mitad. Terminó el programa que normalmente duraba veinticuatro meses en solo diez y encontró un gran trabajo de inmediato. Poco tiempo después compró un pequeño departamento. Su padre ofreció pagar la mitad, pero Jared respondió: "No papá; gracias, ya has hecho suficiente". Evidentemente, Jared había aprendido lo que le habían enseñado. ¿Cuál es el mensaje? Jared descubrió que ahorrar era un componente muy importante para lograr su independencia y libertad.

Mi historia

Las familias King Chiong y Fuentes Cole emigraron al Perú en 1895 desde Inglaterra, España y China. En el proceso, lucharon en batallas, perdieron a seres queridos, lanzaron negocios y perdieron fortunas. Sus experiencias son un baúl de tesoros para mí. Tres características comunes en ellas es que fueron:

- trabajadores dedicados
- valoraron la educación
- creyeron en la constante superación personal

Permíteme contarte un poco sobre ellos.

La familia de mi padre

Mis abuelos paternos nacieron en 1917. Mi abuelo fue hijo único de un segundo matrimonio. Su padre era muy estricto y duro con él. Esto contribuyó a la filosofía de disciplina de mi abuelo.

Mi abuela, de ascendencia china, fue la segunda hija de seis hermanos. Su padre tuvo varios negocios en Hong Kong. Dado que el único medio de transporte de la época eran los barcos, los cuales se demoraban en cruzar el Pacífico, mi abuela estudió muchos años en Hong Kong. Su padre murió a causa de la peste bubónica, enviudando su madre de muy joven, con seis hijos pequeños. Como no supo qué hacer, perdió la mayoría de su herencia en malas inversiones. Esto le enseñó a mi abuela los efectos negativos del dinero en las familias. También le enseñó a ser una negociadora exigente.

Mis abuelos se conocieron en la escuela cuando ambos tenían

catorce años. Se graduaron con honores en la carrera de Farmacia en la Universidad Nacional de Trujillo, en el norte del Perú. Luego de varias disputas familiares, se casaron en 1945. Su sueño era utilizar su educación para ayudar a su comunidad, por lo cual decidieron abrir una farmacia. Mis abuelos compraron una casa al frente de su farmacia y tuvieron cuatro hijos. Llegaron a ser dueños de varias farmacias y trabajaron mucho, pero siempre almorzaban con sus hijos y los ayudaban con sus tareas del colegio. Todos sus hijos y nietos trabajaron en el negocio familiar en algún momento y todos estudiaron y se convirtieron en profesionales exitosos.

Mi padre

A mi padre se le inculcó desde pequeño que debía ser una persona productiva en este mundo. Sus padres también le dijeron que si se esforzaba al estudiar y trabajar, el éxito vendría por sí solo. Él vio la enorme dedicación con la cual sus padres trabajaban y desarrolló sus valores basándose en ellos.

Estudió ingeniería industrial en la Universidad Nacional de Ingeniería del Perú, una de las más difíciles de su época, y pagó la mayoría de sus estudios. Al graduarse, le ofrecieron una beca de estudios para una Maestría en Administración de Negocios (MBA, por sus siglas en inglés) en los Estados Unidos. Con los dos títulos bajo el brazo, fue reclutado por una compañía Fortune 500. Ascendió rápidamente de puestos en el escalafón de la empresa, llegando a ser Director para Latinoamérica. Debido a su cargo, nuestra familia tuvo que mudarse de un país a otro cada dos años. Una nueva cultura, una nueva casa, nuevos amigos —fue difícil, pero nos ayudó a todos a ser más adeptos al cambio.

Él ahora tiene su propia compañía de consultoría que trabaja con empresas Fortune 500. Todavía trabaja hasta las once de la noche muchos días, y habla feliz sobre la enorme carga de trabajo que siempre tiene. Es adicto al trabajo, pero es apasionado de lo que hace y ama cada minuto que invierte en su negocio. Yo he heredado este rasgo de él.

Mi padre es extremadamente cuidadoso y práctico con el dinero, pero también programa sus gastos en base a sus valores. Gasta libremente en vacaciones y reuniones familiares, pero es muy cuidadoso al gastar en objetos materiales y justifica cada gasto que hace.

La familia de mi madre

Mi bisabuelo, el padre de mi abuela, nació en el Reino Unido y lamentablemente fue asesinado por políticos que pensaban que sabía demasiado, a la edad de treinta años. Mi bisabuela, la madre de mi abuela, esperaba su tercer hijo cuando él falleció. Siendo una viuda joven, tuvo que trabajar muy duro para mantener a sus hijos.

Por otro lado, la familia de mi abuelo era de la península ibérica (España). Su familia emigró al Perú por razones religiosas. Ellos también tuvieron que adaptarse a nuevas culturas y a un nuevo ambiente.

Mis abuelos maternos se conocieron en 1951, cuando ambos trabajaban para el gobierno peruano. Se llevaban once años. Mi abuelo era un aventurero que se lanzaba de aviones y formaba parte del equipo ecuestre de la guardia civil, mientras estudiaba para ser abogado. También era el tipo de persona que daba todo cuando alguien lo necesitaba. Me acuerdo que recibía visitas constantemente de personas pidiéndole un "favor"; esto incluía consultas, representaciones legales y consejos.

Mi abuela es una trabajadora dedicada, muy motivada y extremadamente creativa. Se convirtió en diseñadora de modas, confeccionando prendas para tiendas boutique, viajando alrededor del mundo, y siempre estaba al día con las últimas tendencias en la moda. Actualmente es una artista muy respetada.

Ella y mi abuelo tuvieron dos hijos, una mujer y un varón, quienes crecieron para convertirse en exitosos profesores de idiomas, negocios, ciencias y matemáticas. Ellos también están comprometidos con ayudar a sus comunidades y a las siguientes generaciones.

Mi madre

Mi madre estudió para ser profesora. Empezó a trabajar a los dieciocho años en una guardería. Cuando recibió su diploma, enseñó en colegios de primaria y secundaria y en universidades. Ahora enseña español a ejecutivos de compañías Fortune 500.

Ella fue criada para ser esposa y madre, así que sus padres no la alentaron demasiado cuando se enteraron de que se había postulado a un trabajo. Sin embargo, eso no la frenó. Ella resuelve problemas y tiene que estar ocupada constantemente. No es una trabajadora con horario de oficina; más bien, es un espíritu libre que valora la paz mental y la calidad por encima de la cantidad de trabajo.

Mi madre es extremadamente generosa con todo lo que tiene, incluyendo su tiempo. Siempre me ha apoyado con todos los sueños que he tenido. Ella no se apega a objetos materiales. Cree en el crecimiento espiritual, en la evolución del alma y en el poder de la autocuración. Siempre me dice que todo pasa por un motivo, y que hay muchas lecciones por aprender de cada experiencia. He heredado esto de ella.

Mis lecciones familiares

Estas son algunas lecciones que he aprendido de mi familia que espero te sirvan para aplicar con tu familia:

- *Ten un plan.* Mis padres me enseñaron a evaluar antes de actuar y preguntarme siempre: "¿Dónde encaja esto en el plan?".
- *Vive por debajo de tus ingresos.* Mi padre me dijo que asignara un porcentaje fijo de ahorros antes de gastar.
- *Nunca dejes de aprender.* "Tu educación y experiencia es algo que siempre puedes llevar contigo", me decía mi madre.
- *Sigue tu pasión.* "Aprende a esforzarte para hacer algo mejor cada día", me decía mi abuelo.
- *Las relaciones son importantes para tu bienestar.* Mi abuelo me dijo que somos responsables de la calidad de nuestras relaciones.
- *Comparte.* Mis padres me dijeron que era muy importante compartir mis experiencias y educación con otras personas.

Lecciones familiares de otros que te pueden servir a ti

He hablado con cientos de personas pidiéndoles que compartan las lecciones que aprendieron de sus familias sobre el dinero. He aquí solo algunas de ellas. Espero te sirvan.

Rhonda, 19 años

Mi madre siempre nos dijo que ahorráramos para alguna emergencia. También me alentó a que disfrutara la vida, pero que tuviera cuidado al escoger cosas por impulso. Ella me aconsejó tener un "fondo destinado a diversión" para comprar mis cosas favoritas.

César, 17 años

Algunas lecciones que aprendí de mi madre incluyen: guarda pan para mayo, no gastes más de lo que tienes, no pidas dinero ni prestes dinero porque eso puede arruinar relaciones, y es mejor tener pájaro en mano que cien volando.

Tinesha, 21 años
Una lección que mis padres me brindaron es darme cuenta de que nuestras bendiciones no son materiales sino más bien intangibles, como nuestra salud y las relaciones.

Eric, 20 años
Mi papá me enseñó que el dinero es un instrumento para intercambiar por algo que quiero. Más allá de la seguridad, el dinero significa un logro —un puente hacia mis metas. No significa todo en la vida para mí.

Jackie, 18 años
Mi abuelo me enseñó a asegurarme de que mi trabajo sea valioso y beneficie a mi comunidad. Mi abuela me enseñó que un centavo ahorrado es un centavo ganado. Mi papá me enseñó a transformar mi dinero para que trabaje para mí.

Julio, 23 años
Mi padre siempre me dijo que la educación es el motor que me conducirá a la oportunidad, y que siga mi pasión pues el dinero vendrá después. También me dijo que siempre apreciaré algo en mayor medida si lo he ganado con mi propio trabajo y sudor.

Marco, 21 años
Varios miembros de mi familia me enseñaron mucho, incluyendo comprar sólo lo que puedo pagar, evitar deudas a largo plazo a menos que sea para un hogar o negocio, ser consciente de mis inversiones, comprar con efectivo y ser feliz con lo que puedo pagar.

Tina, 24 años

Mi padre me enseñó que siempre debía tener un plan de emergencia y no vivir a crédito.

TAREA PARA LA FAMILIA

¿Qué significa el dinero para ti?

Toma una pluma y papel y responde las siguientes preguntas:

- ¿Qué significa el dinero para ti?
- ¿Qué harías en un día sin dinero?
- ¿Qué es lo que te enseñaron tus padres acerca de manejar el dinero?
- ¿Qué te enseñaron tus padres acerca de la gratificación pospuesta?
- ¿De qué manera te animaron a esperar y a hacer que valga la pena?
- ¿Cómo maneja tu familia la gratificación pospuesta?

Lee tus respuestas y analiza qué papel jugó el dinero en tu vida. Luego guárdalas y vuelve a leerlas al terminar este libro. Fíjate cuáles de esas experiencias te sirvieron y cuáles no, y aplica este aprendizaje con tus hijos.

Tú y tus lecciones familiares

Responde las siguientes preguntas:

- ¿Qué lecciones familiares han hecho una gran diferencia en tu vida y te han ayudado a convertirte en la persona que eres hoy?
- ¿Qué cosas pueden mejorar dentro de tu familia de origen?

• ¿Qué estás haciendo, o qué vas a hacer, para equilibrar el comportamiento financiero de tu familia y tus actitudes sobre el dinero?

Ahora que has pensado en tus propias lecciones familiares, pon las positivas en práctica todos los días para mejorar tu vida financiera y la de tus hijos.

Identifica tus creencias sobre el dinero

Lee la siguiente lista de creencias sobre el dinero. Si alguna te suena ridícula o te desconcierta, ignórala porque entonces no es tu creencia. Si alguna de las afirmaciones tiene sentido para ti o te suena cierta, anótala y redáctala con tus propias palabras para que realmente te identifiques con ella. Pídeles a todos los miembros de la familia que hagan esto individualmente.

• Nunca hay suficiente dinero, jamás.
• Confío en que Dios se ocupará de mí.
• Siempre hay una crisis financiera tras otra.
• No importa cuánto dinero gane, alguien siempre necesita más.
• No hay manera de salir adelante. Nunca se puede.
• No puedo...
• Si quiero algo, merezco tenerlo.
• Soy compulsivo con el dinero.
• Los que me rodean son compulsivos con el dinero.
• Se solucionará. Siempre ha sido y siempre será así.
• ¿Por qué usar tu propio dinero si puedes pedirle prestado a otros?
• El que gana más dinero es el que puede decidir cómo se gastará.

- El dinero es la raíz de todos los males.
- La información sobre el dinero está en manos de pocos, especialmente de los ricos.
- Los demás son el problema.
- Podría manejar bien el dinero si no estuviese casado.
- Nunca consigo lo que quiero. Otros sí lo hacen.
- La gente se aprovecha de mí.
- Nunca me divierte el dinero. La vida es dura.
- Siento que necesito ocultar lo que tengo y no ser ostentoso.
- Me aterra conciliar mi chequera.
- Me da ansiedad pagar las cuentas. ¿Qué pasa si no tengo suficiente? ¿Qué pasa si necesito el dinero para algo que pueda surgir?
- No importa la cantidad de dinero que tenga en el banco, nunca me siento seguro.
- No tengo la disciplina suficiente para manejar bien mi dinero.
- Las mujeres son las que se ocupan de las necesidades emocionales. Los hombres son los que ganan el dinero.
- Nunca fui bueno con los números.
- El dinero es poder y el poder significa abuso.

No te limites a esta lista. Si tienes alguna creencia que no figure en ella, anótala.

3

Diseña tu plan de ataque

El dinero crece en el árbol de la paciencia.
—Proverbio

Ahora que ya has logrado conocerte un poco mejor y sabes que tu educación financiera está ligada a tu familia, es hora de dar el siguiente paso: diseñar un plan de ataque para mejorar tus finanzas.

Conoce a los Johnson

Los Johnson fueron alguna vez una familia exitosa compuesta por Nora, Philip y sus dos hijas. Nora y Philip tenían grandes carreras, que proveían a su familia con una abundancia de todo lo que necesitaban y querían. No tenían un presupuesto formal, así que la mayoría de las compras se hacían de acuerdo con lo que "necesitaban" y no eran planificadas. Ellos creían que las acciones y los bonos eran riesgosos debido a la experiencia de uno de sus abuelos varios años atrás. Por esto, invertían más de lo necesario en propiedades inmobiliarias, pensando que eran más seguras. Al fin y al cabo, sus padres vivían de la compra y venta de propiedades. Cuando las tasas de interés eran bajas y el ingreso de dinero era alto, Nora y Philip compraban varias propiedades y sobre extendían su crédito durante la crecida del mercado. Desafortunadamente, una vez que el mercado inmobiliario se vino abajo, no fueron capaces de mantener sus propiedades. Actualmente están considerando declararse en quiebra.

Conoce a los García

Los García son empresarios que han podido ver los frutos de su arduo trabajo. Ron y Sara García han acumulado más dinero de lo que ellos y sus cuatro hijos necesitarán en sus vidas.

Sin embargo, Ron y su esposa criaron a sus hijos con poca estructura y disciplina. Ahora Ron siente que sus hijos lo ven como su propio cajero automático. Su mayor preocupación es que nunca aprendan el valor de haber logrado algo, ni el del dinero.

CÓMO ESTABLECER TU PLAN DE ATAQUE

Recuerda que con conversaciones frecuentes en familia sobre las finanzas, desempeñarás un papel proactivo ayudando a tus hijos a establecer y realizar un seguimiento correcto de sus metas financieras. Puedes darles las herramientas adecuadas y guiarlos para que sigan las siguientes pautas básicas.

Enséñales a tus hijos a que se fijen metas siguiendo una técnica llamada *SMART* (Inteligente), según la cual éstas deben ser específicas, mesurables, alcanzables, realistas y con fecha de consecución. Para canalizar los esfuerzos de tus hijos hacia el éxito financiero, deberías enseñarles a identificar sus objetivos monetarios a mediano y largo plazo, para que puedan visualizar y reforzar su importancia. Transmíteles a tus hijos adolescentes y universitarios la importancia de asignar una cantidad de dinero cada mes a sus resoluciones financieras y a recortar gastos que puedan estar impidiéndoles lograr sus metas *INTELIGENTES*.

Ayuda a tus hijos a adoptar buenos hábitos financieros, colaborando con ellos en la utilización de recursos y herramientas en línea, como Mint.com y Bundle.com, para que mantengan un registro de sus gastos. Además, enséñales a usar una calculadora de ahorros en línea, para que se den cuenta de cuánto dinero deben conservar mensualmente y durante cuánto tiempo, para lograr una de sus metas *INTELIGENTES* alcanzables.

Procura ayudar a tus hijos a aprender acerca del crédito y débito, revisando con ellos un estado de cuenta de tu tarjeta de crédito. Háblales sobre las tasas de interés y los cargos por pago atrasado.

Enfatiza el valor del dinero a lo largo del tiempo para la planificación de la jubilación durante toda su vida, así pueden aprovechar el interés compuesto. Puedes considerar la posibilidad de ayudar a tus hijos a abrir una cuenta de jubilación individual (llamada Roth IRA en los Estados Unidos) para que puedan depositar allí algo del dinero que ganen. Asegúrate de que tus hijos contribuyan a sus planes de retiro, si la organización o empresa para la que trabajan ofrece un plan de jubilación.

Sé un ejemplo de responsabilidad financiera y de toma de decisiones para los miembros de tu familia. Insiste en que tus hijos comparen antes de comprar y vivan dentro de sus posibilidades. Refuerza y aumenta las habilidades de tus hijos con educación financiera y las herramientas necesarias para que puedan encaminarse a su propia independencia financiera.

Ejemplo de una meta INTELIGENTE
Específica: Quiero ahorrar para una computadora nueva.
Medible: Puedo ahorrar US$ XXX por mes.
Alcanzable: Puedo ahorrar para comprarla y seguir cubriendo mis gastos mensuales.

Realista: Compraré la computadora que necesito, no la más cara.
Con fechas: Con lo que llevo ahorrado, podré comprarla en diciembre.

Algunos errores que cometemos:
- Gastar más de lo que ganamos.
- No llevar un registro de gastos.
- Mantenernos en nuestra zona de confort.
- No ahorrar.
- Creer que nuestras finanzas son asunto de nuestro empleador o del gobierno.
- Hacer de las tarjetas de crédito una forma de vida.
- Gastar en vicios y hacer compras que no necesitamos.
- Ser fiadores o pedir prestado.
- "Prestar" lo que no podemos regalar.
- Manejar un automóvil que no está asegurado.
- No contar con un seguro para gastos médicos incrementados.
- Olvidarnos de ser con tal de tener.
- Creer que nunca vamos a envejecer.
- Heredar a nuestros hijos en vida.
- Construir en terreno ajeno.
- Casarnos con bienes mancomunados.

CÓMO ADMINISTRAR TU DINERO

Imagínate que quieres que tu familia baje de peso. Para esto, necesitarás un plan. Empecemos con una meta clara: "Mi familia tendrá 10% menos grasa en doce meses". Para llegar a esto necesitarás un plan de acción: primero, comunicarle a tu familia lo que quieres. Si no, no entenderán por qué dejaste de hacer papitas fritas; segundo, juntarse como familia e identificar qué les gusta comer que sea menos grasoso y, finalmente, comprar lo necesario. También deben planear qué pasará si un miembro de la familia se sale de la "dieta" y no reduce su peso en el tiempo estipulado.

Hacer un plan para tu dinero es muy parecido al plan para esta dieta. Digamos que tu meta es llegar a la armonía financiera, no necesariamente la independencia, ya que sabemos que no todo es dinero y muchas veces es más importante la armonía que la economía. Algunas de las cosas que una familia debe considerar serán:

- ¿Cuáles son mis ingresos familiares (sueldos, comisiones, regalos, etc.)?
- ¿Cuáles son mis gastos familiares?
- ¿Qué activos tengo?
- ¿Qué obligaciones debo?
- ¿Cuáles son mis metas para los siguientes doce meses, tres años y diez años?

Deseas que tu plan sea específico, no vago. Los buenos planes describen qué, cómo y cuándo. Para crear tu plan financiero:

- Identifica tus metas.
- Enumera las acciones que debes realizar para alcanzar tus metas.
- Desarrolla un cronograma para alcanzarlas.

Por ejemplo, quizá una de tus metas sea comprar tu primera casa dentro de los cinco años después de haber terminado la universidad. Es una gran meta. ¿Cuáles son todas las cosas que tienes que lograr para alcanzar esta meta? Algunas de tus acciones incluirían:

- Aprender sobre préstamos y tasas de interés (comprar libros y/o inscribirte en un seminario).
- Establecer un rango de precios.
- Saber a cuánto asciende la cuota inicial y qué tiempo te demorarás en ahorrar esa cantidad.
- Ahorrar, ahorrar, ahorrar.
- Al mismo tiempo, comparar y obtener datos de inmuebles en varios distritos y conocer el potencial de reventa de los mismos.
- Una vez que tienes la cuota inicial, investigar y elegir una entidad prestamista y obtener una pre-aprobación para un crédito.
- Empezar tu búsqueda.
- Hacer una oferta.
- Mudarte al hogar deseado.

Una vez que has enumerado todos los pasos que tienes que cumplir, asigna una fecha final aproximada para cada uno. Estas fechas límites te ayudan a mantenerte enfocado. Sin darte cuenta, habrás logrado tu meta. Haz lo mismo con cada meta o sueño que tengas.

Para administrarte bien, primero tendrás que entender tu actitud hacia el dinero, tus sentimientos, tus raíces y tu historia —tu personalidad financiera y la de tu familia. Para poder empezar a organizarte con tus finanzas, tendrás que ordenar todos tus documentos financieros, cuentas, estados de cuenta y correspondencia, diseñar un sistema para archivar y separar tus papeles en cuentas por pagar, cosas para hacer y cosas para archivar. Para saber qué archivar, debes juntar documentos relativos a las siguientes áreas:

- automóviles
- cuentas bancarias

- tarjetas de crédito
- seguros
- inversiones
- préstamos
- garantías, mantenimiento

¿Tiene nuestra especie la capacidad para autorregularse? Absolutamente. Pero para poder lograrlo, primero tenemos que volvernos financieramente competentes y administrar proactivamente y conscientemente nuestro dinero.

Para comenzar a ser financieramente competente es importante que aprendas y entiendas lo que son los activos. Un activo es algo de valor del cual eres dueño, del cual te beneficias o del cual obtienes alguna utilidad. Un activo puede ser una casa propia, tu educación o tu personalidad. Uno de los activos más importantes que tienes —aparte de tus activos intelectuales, sociales y espirituales— son tus activos financieros: tu habilidad para ganar dinero. Las personas más exitosas en el mundo son aquellas que siguieron su pasión, cosecharon una recompensa financiera y tuvieron la disciplina para defender la recompensa a toda costa.

El segundo punto mencionado previamente para aprender a autorregularse es lograr administrar bien nuestro dinero. Administrar tu dinero no es difícil, pero sí es una habilidad crítica que debes aprender para posicionarte a ti y a tu familia en el camino de la seguridad financiera. En los próximos capítulos, aprenderás los principios de la administración del dinero, incluyendo:

- Conocer el valor de tu patrimonio neto.
- Abrir las cuentas bancarias apropiadas.
- Entender el endeudamiento.

- Entender las clasificaciones crediticias.
- Administrar tarjetas de crédito.

Pero ahora volvamos a tu educación financiera para establecer tu plan de ataque personalizado. Sigue leyendo para aprender más y así solidificar tu base de información financiera.

¿CUÁL ES EL VALOR DE TU PATRIMONIO NETO?

El primer paso para administrar tu dinero es hacer un inventario de lo que ya tienes para poder calcular el valor de tu patrimonio neto, es decir, tus activos menos tus pasivos (obligaciones o deudas). Toma un papel y te demostraré cómo lograrlo.

1. En la parte superior de la página escribe la palabra "Activos". Debajo de la palabra, enumera todos tus activos incluyendo dinero en tus cuentas bancarias y de inversiones, dinero en tu billetera y el valor actual estimado de cualquier propiedad de la cual seas dueño (casa, carro, joyas, etc.). Suma tus activos para obtener un total.

2. Ahora escribe la palabra "Pasivos". Un pasivo es una obligación legal de pagar una deuda. Debajo de este título, enumera todos tus pasivos incluyendo saldos de tarjetas de crédito, préstamos estudiantiles, préstamos automovilísticos, líneas de crédito, hipotecas, préstamos de negocio, etc. Suma tus pasivos para obtener un total.

3. Descuenta tus pasivos de tus activos. Este es el valor actual de tu patrimonio neto. Entender esto te ayudará a planificar para el futuro.

Tus otros activos y pasivos

Cuando calcules el valor neto de tu patrimonio, sugiero que también incluyas el valor neto de tus activos y pasivos intelectuales, sociales y espirituales para entender qué tienes a favor y en contra para alcanzar tus metas.

¿Cuáles son tus fortalezas en términos de educación, interacciones humanas y comunitarias, y crecimiento personal? ¿Cuáles son tus pasivos en estas mismas áreas? ¿Tienes una educación superior? ¿Tienes la tendencia a socializar y construir relaciones? ¿Intentas crecer como persona constantemente?

Algunas de las cosas que toda familia debe planificar incluyen:

- Fecha de jubilación
- Presupuesto familiar
- Presupuesto de emergencia
- Planes de ahorro disponibles
- Ahorro para la educación de los hijos
- Fondo para ayudar a los padres
- Fondo de emergencia
- Fondo de vacaciones
- Pólizas de seguros
- Documentos de herencia, testamentos, etc.
- Distribución de activos de inversión
- Plan fiscal
- Presupuesto para los niños
- Administración de deudas
- Fondo para el matrimonio de los hijos
- Fondo para los quince años, bar mitzvah, etc.
- Presupuesto para autos

El proceso de confeccionar un plan financiero incluye identificar tus metas, organizar tus finanzas, tomar en cuenta todos los cambios en tu vida, invertir a largo plazo, controlar tus deudas, reducir tus impuestos, proteger tus pertenencias y preparar tu plan de herencia.

CONVIERTE TUS SUEÑOS EN METAS

Habrá obstáculos a lo largo del camino como, por ejemplo, la pérdida de un trabajo.

Hay algunas alternativas para sobrevivir a la falta de empleo. Todos sabemos que en estos tiempos de crisis, algunos todavía no tienen empleo, pero existen algunas alternativas como, por ejemplo, tener una buena tarjeta de presentación, una hoja de vida con excelente gramática y un perfil en LinkedIn. También se recomienda identificar el mercado donde puede estar tu futuro jefe y hacer una lista de organizaciones ideales para trabajar; afiliarse con una organización de profesionales como, por ejemplo, la Asociación Mundial de Marketing; considerar trabajar como practicante o a tiempo parcial en la industria o empresa deseada.

PLANIFICA PARA DIFERENTES EVENTOS EN TU VIDA

Antes de casarte

Lo antes posible, pero a más tardar seis meses antes del compromiso, es necesario tener una conversación sincera con tu pareja para comunicar y delinear tus deseos financieros y tus intenciones de planificar el patrimonio. Hay que reconocer que los activos podrían tener que dividirse debido a acontecimientos imprevistos, no solo por un divorcio. Piensa cuidadosamente en la redacción de un acuerdo prenupcial, un contrato especialmente beneficioso si eres dueño de un negocio o una práctica profesional exitosa, quieres proteger la herencia y los intereses de tus hijos de una relación anterior o tienes activos importantes ganados antes de tu matrimonio.

Independientemente de si eres rico o tienes hijos de un matrimonio anterior, un acuerdo prenupcial también puede ser una herramienta indispensable de planificación financiera para protegerte a ti y a tu pareja de sus respectivas deudas y para establecer los derechos y obligaciones monetarias de tu cónyuge durante y después del matrimonio.

Hablen abiertamente sobre el acuerdo prenupcial antes de la boda y sean totalmente transparentes sobre sus sentimientos y perspectivas financieras. Teniendo en cuenta que los abogados reportan un convincente 73% de aumento en la firma de acuerdos prenupciales por parte de los recién casados durante los últimos cinco años, tú y tu futuro cónyuge podrán evaluar y decidir juntos si la elaboración de un acuerdo prenupcial tiene sentido, con un total entendimiento de los siguientes puntos esenciales.

Tener una conversación honesta sobre los activos y pasivos que aportan a la unión, aclarar sus expectativas financieras y expresar de todo corazón sus emociones cuando proyectan para el futuro en realidad puede mejorar la calidad de su relación. Recuerda que un acuerdo prenupcial puede especificar más que los aspectos financieros del matrimonio, y puede incluir algunos detalles sobre el reparto de las responsabilidades y el proceso de toma de decisiones a las que se comprometen de antemano.

Dado que los problemas no resueltos de la mayoría de los matrimonios que terminan en divorcio se relacionan con las finanzas, cosa que se puede prevenir, tú y tu pareja deben preparar un estado financiero detallado. Contraten asesores profesionales por separado para asegurarse de tener una representación óptima, y piensen en recurrir a la guía de un asesor financiero, abogado familiar o profesional de impuestos para ayudarlos en este proceso.

¿Qué puede suceder si no firmas un acuerdo prenupcial?

Sin un acuerdo prenupcial, tú y tu cónyuge estarán sujetos a las leyes de separación de bienes del estado en el que vivan. ¿Te gustaría que una ley estatal proteja tus activos antes del matrimonio y decida sobre la división de tu patrimonio conyugal en caso de un divorcio? Estar al corriente de las leyes estatales (es decir, la distribución equitativa o el patrimonio común) y las disposiciones pertinentes es lo más importante para proteger los derechos de herencia de los activos importantes, como una casa familiar o un negocio, para tus hijos de un matrimonio anterior.

Ten en cuenta que las deudas que tengas antes de tu matrimonio son tuyas y que permanecerán fuera del matrimonio si no las vinculas. Adopta el hábito de comprobar la titularidad de las cuentas. Utiliza un seguro de vida para proteger al cónyuge sobreviviente o a los niños de un matrimonio anterior.

Piensa en formular las obligaciones financieras por separado y utilizar el régimen del acuerdo prenupcial con seguro de vida para facilitar un pago fijo a tu cónyuge, y para darles a tus hijos de un matrimonio anterior su herencia completa (designa a tus hijos como beneficiarios de las pólizas que tengas). Alternativamente, puedes compensar a tus hijos mediante un fideicomiso irrevocable para comprar un seguro de vida que los beneficie y reducir al mínimo los impuestos estatales y federales.

Consulta con un profesional financiero especialista en seguros o un abogado de bienes para evaluar la estrategia adecuada según sea tu situación. Obtén más información sobre cómo proteger a los niños de un matrimonio anterior.

Sé específico en la redacción de tu acuerdo prenupcial

Puedes asignar la responsabilidad por deudas separadas y conjuntas, para protegerte de tener que asumir las deudas de tu cónyuge.

Si planeas tener una carrera rentable a partir de tu matrimonio, puedes definir los términos del contrato con disposiciones para asegurarte de ser compensado por tu sacrificio si el matrimonio no llega a durar. Además, en el acuerdo prenupcial se puede decidir si van a presentar declaraciones de impuestos conjuntas o separadas, cómo van a pagar su hipoteca y los gastos del hogar, y qué tipo de educación recibirán sus hijos.

No menciones la pensión alimenticia para manutención de los hijos, ni uses un acuerdo prenupcial en lugar de un plan de sucesión. La ley puede declarar al acuerdo injusto y perjudicial para tu cónyuge si estableces disposiciones acerca de la manutención de los niños en tu acuerdo prenupcial. Asegúrate de que ninguna cláusula viole la ley ni las políticas estatales antes de incluir disposiciones sobre la extinción del contrato prenupcial después de una cantidad determinada de años de matrimonio.

No incluyas preferencias personales (es decir, si tendrán o no mascotas o la división de las tareas del hogar) ya que estos son acuerdos a los que debes llegar en privado con tu pareja. Por último, ten en cuenta que, a pesar de que un acuerdo prenupcial puede incluir quiénes serán los administradores o ejecutores designados, no lo debes usar como sustituto de un testamento o un plan de sucesión.

En definitiva, al estar muy bien informado sobre un acuerdo prenupcial y sus ventajas y dificultades, al tener una conversación abierta con tu futuro cónyuge, podrás cumplir tus aspiraciones y planificar proactivamente el futuro financiero de tu familia. Ningún acuerdo prenupcial ni matrimonio es a prueba de balas, y hay recursos y estrategias disponibles para minimizar el estrés emocional y financiero.

Para aumentar tu tranquilidad, sé siempre claro sobre tus finanzas y deseos antes de casarte. Ten en cuenta que los opuestos financieros sí se atraen.

Vida matrimonial

Un estudio realizado por el Wharton School de la Universidad de Pennsylvania y la Universidad Northwestern demuestra que los opuestos se atraen, incluso cuando se trata de finanzas. Lo más probable es que te hayas casado con tu opuesto financiero. Esta estadística en realidad es muy buena cuando de finanzas se trata. Tener diferentes puntos de vista acerca de las finanzas te obligará a evaluar las ventajas y desventajas de los diferentes aspectos del dinero. Un aspecto importante es el manejo de la deuda. El estudio ha revelado que más de la mitad de las parejas de recién casados tiene serios problemas de pareja antes de que finalice el primer año, y una buena parte de estos dilemas tiene que ver con el presupuesto y el manejo de la deuda.

El uso de las tarjetas de crédito es una fuente importante de tensión entre los recién casados, sobre todo si a uno de los cónyuges le gusta usar el crédito y al otro no. Entonces, ¿cuál es la clave del éxito? Controlen sus finanzas en conjunto, háganse mutuamente responsables y tengan una meta común.

Como vimos antes, la comunicación efectiva es esencial antes de casarse, con conversaciones serias en las que ambas partes revelen sus ahorros, inversiones y montos de deuda. Una parte fundamental de esta discusión debería centrarse en el presupuesto actual y futuro, sobre todo en cómo manejar las tarjetas de crédito y la deuda en el futuro.

La reciente Ley de Rendición de Cuentas, Responsabilidad y Divulgación sobre tarjetas de crédito de 2009 (CARD, por sus siglas en inglés en los Estados Unidos), ahora requiere que las compañías de tarjetas de crédito les informen más a los consumidores que utilizan crédito sobre el costo de usar sus servicios. En diferentes países de América Latina existen leyes similares. Estas reformas hacen que sea más fácil para los recién casados ver la cantidad que les está costando el crédito y, en última instancia, puede favorecer a que establezcan metas de pago de las deudas individuales o combinadas.

Teniendo en cuenta esta oportuna reforma, es importante que las parejas que planean casarse tomen conciencia de los siguientes puntos para evitar ciertos dilemas financieros dentro de la pareja en el futuro.

Los informes crediticios no se combinan cuando uno se casa. Los informes de crédito están basados en el número individual de Seguridad Social de cada uno. Por lo tanto, sus informes y las historias crediticias no se vinculan cuando se casan. Ten mucho cuidado de vincular las deudas, porque no es aconsejable si tu cónyuge tiene un mal historial de crédito.

El matrimonio no cambia automáticamente tu calificación crediticia. El acto de contraer matrimonio no lo afecta; no hay cambios automáticos en tus informes de crédito cuando te casas. Si cambias tu apellido después de casarte e informas sobre este cambio a tus acreedores, verás algunas actualizaciones en tus informes, pero tu historial de crédito no se borra.

El historial de crédito negativo de tu pareja no puede afectar tu calificación crediticia. Solo cuando abren una cuenta conjunta puede afectarlo. Si tienen planeado comprar juntos una casa o considerar otras compras importantes con las cuentas conjuntas, el historial negativo de tu pareja podría afectar tu hipoteca o las tasas de los préstamos.

Que tu pareja te agregue como usuario autorizado de su tarjeta de crédito puede o no aumentar tu puntuación de crédito. Debes llamar al emisor de la tarjeta para solicitar específicamente que te agregue como usuario autorizado de las tarjetas de crédito de tu cónyuge. Si el emisor no informa al buró de crédito sobre los usuarios autorizados, no influirá en tu calificación de crédito y no aparecerá en tu historial crediticio.

Debido a los cambios recientes de la ley, deberías tener una tarjeta de crédito o dos individuales a tu nombre solamente, incluso si decides compartir algunas de alto límite. No todos los modelos de calificación crediticia de las tarjetas de crédito consideran a los usuarios autorizados. Sin embargo, algo para tener en cuenta es que, si hay problemas matrimoniales después, te pueden eliminar como usuario autorizado y perderás años del historial favorable de pagos de estas cuentas.

Si tú y tu cónyuge están recién casados y mantienen estable la deuda de las tarjetas de crédito y su calificación crediticia, no deberías apresurarte a cerrar tu cuenta de tarjeta de crédito si tu compañía empieza a imponer cuotas anuales o cargos de otro tipo. Las calificaciones crediticias tienen en cuenta los historiales largos, así que piénsalo bien antes de cerrar una cuenta para evitar el simple pago de una cuota anual de US$ 50.

A continuación hay algunos consejos útiles sobre cómo las nuevas parejas pueden usar inteligentemente las tarjetas de crédito:

- Revisa los términos y condiciones de cada una para entender qué tipo de tarjeta tienes (tasa fija o variable), porque las reglas son diferentes según sea el caso.
- Haz el esfuerzo para pagar el saldo de tu tarjeta de crédito cada mes; es la mejor manera de evitar el pago de intereses. Asegúrate de pagar al menos el mínimo requerido cada mes para evitar un cargo por atraso, no dejes de pagar ni un mes porque eso afecta negativamente tu calificación crediticia.
- Infórmate y compara las ofertas de las tarjetas para aprovechar las tarifas y tasas más bajas y los límites más altos. Diferentes tarjetas de crédito pueden ofrecer menores tasas de interés y mejores condiciones. Llama y pide una tasa de interés más baja, especialmente si tienes una relación

muy buena y un historial crediticio de pagos a tiempo con tu emisor.

No te conviertas en una estadística. Si quieres que tu matrimonio dure, y la mayor parte de tus discusiones con tu pareja tiene que ver con las finanzas, empieza a planear desde ya y no solo sobre el manejo de la deuda sino además piensen juntos cómo van a administrar el ahorro, la inversión en conjunto y hagan un plan para su patrimonio.

Si conocen las reglas y están conscientes de sus necesidades financieras, es de esperar que puedan comunicarse efectivamente y solucionar su situación con las tarjetas de crédito. ¡Así estarán bien encaminados a la felicidad marital! Contar con dinero no necesariamente hace feliz a una pareja, pero ahorra conflictos por temas ajenos al amor. El diálogo y el respeto por los pactos ayudan a establecer acuerdos y disfrutar de logros económicos planeados en conjunto.

Para resumir: la economía en pareja

- Manejar finanzas en común.
- Considerar un 10% para el ahorro; considerar 10% como gasto fijo.
- Invertir los ahorros. El 10% que se guarda del flujo del efectivo mensual es dinero que va perdiendo valor por la inflación.
- Plantearse un plan de jubilación.
- Planear un fondo de contingencias. Reservar una suma mensual para contingencias, enfermedades, etc.
- Mejorar la comunicación con tu pareja. Ten una comunicación fluida con tu pareja e infórmale los gastos e inversiones que hagas.

- Elaborar un plan financiero. Podrán ponerse de acuerdo sobre las metas financieras a corto y largo plazo.
- Evitar la dependencia económica. Es sano que cada uno cuente con dinero propio para no establecer una relación mediada por el dinero.

La jubilación vs. la educación de tus hijos

Cuando se trata de ahorrar para un fondo de jubilación y para la universidad, muchos padres jóvenes con niños quieren lo mejor de ambos mundos: jubilarse cómodamente y proporcionarles a sus hijos una excelente educación universitaria. Con mucha frecuencia, el dilema es: "¿Debo ahorrar para la jubilación o para la futura educación de mis hijos?".

Aunque las circunstancias individuales y familiares pueden variar, debes asegurarte de estar ya encaminado a ahorrar lo suficiente para tu propia jubilación antes de ahorrar para la universidad. Planificar tu jubilación debe ser siempre tu prioridad —recuerda que no hay acceso a préstamos del gobierno, subvenciones o ayudas para la jubilación.

Además, piensa que si pospones tus contribuciones de retiro anual a los planes patrocinados por tu empleador y otros medios de jubilación con impuestos diferidos (como la cuenta tradicional de retiro individual, en inglés llamada Traditional IRA), pierdes la capacidad de acumular fondos para tu retiro. Por lo tanto, ahorrar para la educación antes puede provocar que tengas que retrasar tu jubilación.

Si bien la tendencia actual es que los costos anuales de las universidades públicas y privadas aumenten un promedio del 6% anual, puedes planear ahorrar para la educación universitaria de tus hijos con el asesoramiento de un planificador.

Un planificador te puede ayudar a alcanzar los siguientes tres objetivos:

1. *Asegurarte de que estás en buen camino para la jubilación.* Evita recurrir a los fondos de retiro a menos que sea necesario. Desarrolla y mantén una estrategia de inversión para la planificación de la jubilación que sea coherente, así como sensible a las necesidades de tu familia.

2. *Mantenerte actualizado sobre las leyes fiscales correspondientes y las condiciones del mercado.* Los fondos de una cuenta para gastos de educación superior y tus contribuciones a esta cuenta pueden ser distribuidos libres de impuestos en cualquier momento. Sin embargo, debes estar consciente de las implicaciones fiscales y posibles consecuencias sobre la elegibilidad de tu hijo para recibir ayuda financiera si utilizas los ingresos de esta cuenta antes de los 59 ½ años.

3. *Comprender los cálculos de ayuda financiera para ayudarte a planear para la educación.* Hay muchas formas de financiar los fondos de tus hijos universitarios. Antes de seleccionar y aplicar una estrategia de planificación para la universidad, asegúrate de determinar el costo de la universidad, tus ahorros estimados a lo largo del tiempo y las ganancias realistas que puedes esperar por el dinero que ahorras.

Es evidente que, si bien no deberías comprometer tu jubilación por el bien de la educación de tus hijos, de todas maneras puedes estructurar cuidadosamente un plan de ahorros para la universidad compatible con tus objetivos de jubilación y, finalmente, alcanzar "lo mejor de ambos mundos".

TAREA PARA LA FAMILIA

Lee el siguiente cuento con tus hijos y analicen lo que aprendieron para aplicarlo a sus vidas.

EL GORRIÓN SALTARÍN

Saltarín estaba muy contento, se sentía tranquilo. Él es un pajarito papá y tiene una linda familia, compuesta por su esposa Ruth y sus dos hijos, Saltarín II y Mirtha. Ellos viven en una isla en Sudamérica. Saltarín salía todos los días con su familia, después de su trabajo, a conseguir las semillas y otros tipos de alimentos que consumen. El año pasado había comida por todas partes, había llovido más de lo normal y las semillas y todo lo que les gustaba estaba disponible por donde miraras; no era difícil de conseguir y no tenían que hacer mucho esfuerzo para hacerlo.

Otras familias de pajaritos comieron mucho y se pusieron muy gordas, tanto que ya casi no podían caminar porque no hacían ningún esfuerzo. Saltarín y su familia siguieron con su rutina diaria, tomando lo necesario y guardando para casos de emergencia.

—El próximo año los chicos tienen que estudiar —le dijo a su esposa Ruth. —¿Qué van a estudiar? —les preguntó a sus hijos.

—Yo quiero ser doctor de pajaritos —dijo Saltarín II.

—Y yo quiero ser chef, papá —dijo Mirtha.

—Muy bien, lo importante es que estudien y después trabajen en lo que más les gusta hacer. Por ejemplo, yo soy feliz porque todos los días trabajo en lo que más me gusta, en la escuela, enseñando a los pajaritos, y su mamá es feliz trabajando en el hospital con los pajaritos recién nacidos. Como somos felices, gastamos lo que necesitamos, ahorramos, invertimos y compartimos nuestro dinero. Por eso tenemos lo necesario para que puedan ir a estudiar el año que viene. Tenemos seguros de salud y solo usamos dos tarjetas de crédito, que pagamos siempre a tiempo. Vamos a ir al banco para abrirle a cada uno una

cuenta de ahorros, así pueden guardar su dinero y los regalos que les hagan de dinero. En otra cuenta pondrán lo que necesiten para gastar. ¿Qué les parece?

—¡Gracias papá! —respondieron los dos hermanos.

Llegó el siguiente año, y no llovió tanto. Ya no había tantas semillas y era muy difícil conseguir comida. Como Saltarín y su familia no habían cambiado su rutina de vida, no les afectó. Sin embargo, los otros pajaritos que no habían ahorrado, ya no podían moverse rápido ni encontrar lo suficiente para comer y desaparecieron. No habían manejado bien su dinero, no tenían cuentas en el banco ni seguros.

Los gorriones

Aproximadamente catorce diferentes especies de gorriones habitan las islas Galápagos. Un año, el fenómeno de El Niño causó un sobreabastecimiento de comida en las islas. Este suministro en exceso de comida afectó drásticamente la población de gorriones. Su estructura fue alterada, la mayoría creció más de lo esperado y la población se expandió enormemente. Poco tiempo después, el nivel de comida regresó a la normalidad. Muchos de los pájaros que no tenían la capacidad de regular su propio consumo de comida desaparecieron.

¿Qué aprendimos de esto?

- Es importante trabajar en lo que te gusta.
- Gastar con moderación, abrir una cuenta en el banco para ahorros y otra para poner lo que debes gastar es clave.
- No usar muchas tarjetas de crédito también es esencial, porque no es bueno vivir con más de lo que tienes, o sea, con créditos, y peor es no pagar tus tarjetas de crédito a tiempo porque los bancos después te cobran mucho en intereses.
- Y nunca olvidar no gastar más de lo necesario.

Otro ejercicio para hacer con tus hijos consiste en preguntar alrededor de la mesa qué les gustaría hacer este año. Luego de que cada uno responda, escoge algo en lo que todos estarán involucrados, por ejemplo, las vacaciones familiares. Dada esta elección, pueden seguir el ejercicio contestando las siguientes preguntas:

- ¿Qué actividades les gustaría hacer durante la semana de vacaciones?
- ¿Qué lugares ofrecen estas actividades?
- ¿En qué fechas?
- ¿Cuál es el presupuesto familiar?
- ¿Qué opciones hay para el viaje: carro, avión, hotel, alquilar una casa?

Acuérdate de que cada meta deberá cumplir estas condiciones: ser específica, mesurable, alcanzable y con fecha fija.

Ahora te dejo con unas preguntas sobre la planificación financiera, para que comiences a aplicar este capítulo en tu vida.

- ¿Cómo diseña tu familia su planificación financiera?
- ¿Cada cuánto tiempo evaluarás tu progreso para saber si estás avanzando hacia tus metas?
- ¿Cómo te motivarás a seguir el plan y qué medidas pondrás para no echarte atrás?
- ¿Qué pasará si hay una emergencia a mitad de camino?
- ¿Cómo incluirás a tu familia y qué rol tendrán ellos?
- ¿Cuál será el premio que te darás cada vez que logres alcanzar una meta?

4

Ahorra más y endéudate menos

Nunca gastes tu dinero antes de tenerlo.
—Thomas Jefferson

Para poder ahorrar con la familia, tendrás que motivarla, venderle la idea y hablarle sobre la satisfacción de alcanzar una meta. Se demora doce meses en desarrollar un hábito y tener la disciplina para ahorrar requiere enfoque y dedicación.

Algunos consejos que te puedo dar para ahorrar son los siguientes:

- Vive por debajo de tus ingresos.
- Siempre asigna un porcentaje de tus ingresos para ahorrar antes de hacer cualquier cosa.
- Siempre ten una lista antes de ir de compras; si no está en la lista, no lo compres.

Yo crecí viviendo con estos principios. Cuando recibí mi primera mensualidad a los cinco años, mi padre me dijo: "Te daré esta cantidad todos los sábados a las nueve de la mañana si haces todas tus tareas durante la semana. No gastes todo el dinero ni bien lo recibas. Guarda un poco en una caja o alcancía para algo que realmente quieras, o para alguna emergencia". A los cinco años, no estaba muy segura de qué tipo de emergencia podría tener, pero aprendí a no gastar el 100% de cualquier cantidad que recibía.

Aquí siguen dos ejemplos familiares muy diferentes que te muestran lo importante que es planificar tus finanzas y a su vez balancear los éxitos y la vida personal.

Conoce a los Wong

La familia Wong es altamente educada y muy trabajadora. El sueldo de Adam Wong es modesto. Adam y su esposa Candace tienen tres hijos universitarios. Los Wong planifican para todo: planifican sus vacaciones cuidadosamente, pagan sus tarjetas de crédito cada mes puntualmente, tienen fondos de ahorros universitarios para sus hijos y han planificado para su jubilación dentro de cinco años.

Conoce a los Polson

Rick Polson tiene una empresa global muy exitosa. Es un individuo muy calificado que ha seguido los pasos de su padre. Profesionalmente, ha obtenido muchos logros. En el plano personal, sin embargo, ha estado ausente de su matrimonio la mayor parte del tiempo y él y su esposa Amanda están separados. Rick bordea actualmente los cincuenta años y sufre problemas de salud que le impiden supervisar de cerca su negocio. No tiene ahorros ni un plan de contingencia.

LLEGÓ LA HORA DE AHORRAR

A veces parece imposible ahorrar bajo las circunstancias en que vive uno, pero estoy aquí para asegurarte que no importa en qué etapa financiera te encuentres, siempre es posible comenzar a ahorrar. Sigue los siguientes cinco pasos para establecer tu plan de ahorro y alcanzar la paz financiera.

Primer paso: calcula tus gastos

¿Sabes exactamente cuánto suman todos tus gastos mensuales? Empecemos por los fijos, como seguros, alquiler, teléfono, préstamos, luz, cable, todos los gastos que tienes que pagar indefectiblemente.

La forma más fácil de saber cuánto gastas es anotar cada gasto por mes o revisar tu estado de cuenta bancaria y tarjeta de crédito. Deberás anotar los montos de la hipoteca, impuestos, seguro, luz, mercado, comida, cuidado de los niños, ropa, gastos de salud, gastos del auto (gasolina, mantenimiento, estacionamiento), cable, Internet, tarjetas de crédito, servicios profesionales, etc.

Los gastos variables, que a veces tienden a ser inconscientes, incluyen cine, vacaciones, restaurantes, gimnasio, mantenimiento de la casa, cuidado personal, donaciones, subscripciones a revistas, lavandería y tintorería. Cuando hagas esta lista quiero que agregues una columna titulada "Presupuesto ideal" y otra que diga "Por si acaso". Una va a ser lo que sería ideal de acuerdo con tus ingresos y la otra es para que pienses qué harías en caso de no tener ingresos —qué gastos recortarías.

También tendrás que asegurarte de tener un fondo de emergencia, que es muy importante para no caer en deuda y deberá representar el total de tus gastos fijos y variables. Entonces, deberás agregar a tu presupuesto líneas que se llamen "Fondo de emergencia", "Ahorro para jubilación", "Fondo de vacaciones", etc.

Algunos errores al hacer presupuestos

- Olvidarse de incluir gastos que solo ocurren una vez al año, como seguros.

- Tener expectativas que no son reales.
- No involucrar a toda la familia en el plan de reducción de gastos.

Segundo paso: hazte de una disciplina de ahorro

Ten la disciplina para ahorrar antes de gastar. Esto puede ser muy difícil si estás viviendo al día, pero si empiezas a monitorear y a reducir tus gastos, podrás ahorrar poco a poco en un corto tiempo.

Establece un depósito automático o transferencia de tu cuenta corriente a tu cuenta de ahorro. De este modo, se deducirá automáticamente una parte de tu sueldo y se destinará a tu fondo de ahorros. Luego, finge que no existe por un tiempo. Fuera de la vista, fuera de tu mente.

La cantidad que yo recomiendo que ahorres es el 15% de tus ingresos. Comienza ahorrando para seis meses en caso de emergencia. Una vez que tengas ese importe, empieza a ahorrar para tu jubilación, luego para un anillo de matrimonio o los gastos de la boda, una luna de miel, una casa, la educación de tus hijos, vacaciones, un nuevo carro, etc., según tus metas. Recuerda: un dólar ahorrado es un dólar que tiene el potencial de crecer y cada dólar que guardas te ayuda a cumplir tus metas en menos tiempo. La clave es maximizar tu producción en el trabajo y, así, vivir dentro de lo mínimo en los malos tiempos y en los buenos, ahorrar todo el exceso e invertirlo.

Tercer paso: justifica cada compra

Cuando estaba en la secundaria, la presión de los grupos era fuerte y sentía que necesitaba tener lo último y mejor de las cosas materiales para estar a la par con los demás estudiantes. Afortunadamente, mi padre me enseñó a una temprana edad a justificar la compra de cualquier cosa que no fuese esencial para vivir. Si no tenía una buena razón, mi padre me lo hacía saber. Esto me enseñó a pensar dos veces antes de comprar cualquier cosa por impulso.

Antes de sacar tu billetera, siempre hazte la siguiente pregunta: ¿Puedo sobrevivir sin eso? Ten un plan para todo lo que hagas. Las recompensas vienen luego de períodos de siembra. Como dice el viejo adagio: "Cosechamos lo que sembramos".

Cuarto paso: controla tus gastos

Una vez que has establecido tu presupuesto, obviamente debes adecuarte a él; de lo contrario no funcionará. Para asegurarte de atenerte a tu presupuesto, debes controlar el ingreso y la salida de tu dinero. Antes de retirar efectivo del cajero automático, piensa si hay una alternativa menos costosa. Antes de realizar una compra impulsiva, piensa si gastarías ese monto si te redujeran el sueldo.

Siempre justifica el gasto. Pregúntate si lo que sea que quieres comprar contribuye a tu bienestar financiero y personal, o si simplemente estás siguiendo la letra de la canción "Es todo sobre mí", "Quiero lo que quiero cuando quiero y nadie me puede detener". Y tendrías razón: la única persona que puede detenerte... eres tú.

La única forma para poder ahorrar es organizándote:

- Identifica para qué quieres ahorrar.
- ¿Cuánto necesitas ahorrar y para cuándo?
- Distribuye un porcentaje de ahorro para cada objetivo.
- Monitoréalo mensualmente.

Como puedes ver, ahorrar tu dinero es simple pero tienes que ser proactivo y disciplinado con el tema. La primera clave para ahorrar es similar a cuando uno quiere mejorar la nutrición: o comes menos o quemas más calorías. Es decir, o ganamos más o gastamos menos, pero en definitiva, es más importante gastar menos de lo que uno gana, que ganar más. Está comprobado. Si aprendes a controlar tus gastos, ganarás.

Quinto paso: crea un presupuesto y un plan de ahorro

Tener un presupuesto y planificar tus metas es sumamente crítico para alcanzar la independencia financiera. La mayoría de nosotros trabaja mucho para ganar nuestro sueldo. Lo más importante no es cuánto dinero ganas, sino qué haces con él. Un presupuesto te ayuda a establecer prioridades. Un plan de ahorro te ayuda a realizar sabias decisiones sobre tus gastos. "Los buenos planes dan forma a las buenas decisiones. Por eso es que los buenos planes ayudan a hacer realidad aquellos sueños esquivos". Esta frase del escritor Lester Bittel es completamente cierta. Los estudios demuestran que cuando planificas eres más feliz.

Entonces, el primer paso es elaborar un presupuesto, que luego utilizarás para crear tu plan de ahorro. Si estás gastando más de lo que tienes y cuando hiciste tu presupuesto hay más gastos que ingresos, algo tiene que cambiar. Tendrás que reevaluar todos tus gastos y revisarlos uno por uno. Te recomiendo que no dejes de pagar tu seguro ni cambies el monto de ahorro que tienes asignado por mes. Una vez que tus ingresos sean más altos que tus gastos, llegarás a la libertad financiera y estarás trabajando para ti. Lee el siguiente ejemplo para comprender cómo un presupuesto te puede afectar la vida.

Brandon, 23 años

Recientemente ayudé a un joven cliente a organizar su presupuesto. Brandon terminó la universidad hace dos años y gana US$ 38.000 al año como representante de ventas de una empresa farmacéutica.

Calculé sus impuestos y luego le pregunté cuáles eran sus costos fijos y variables actualmente. Después de sumar todo, le enseñé el dato escalofriante:

PRESUPUESTO DE BRANDON

Ingreso mensual

Sueldo	$38.000,00
Total impuesto	$7.858,00
Ingresos anual es neto	$30.142,00
Mensualmente (neto/12)	$2.511,83

Gastos fijos

Alquiler	$1.200,00
Pago de préstamo académico	$250,00
Pago de vehículo	$400,00
Servicios públicos	$120,00
Pago de tarjeta de crédito	$85,00
Seguro	$100,00
Total	$2.155,00

Gastos variables

Víveres	$135,00
Gasolina	$50,00
Comidas fuera de casa	$150,00
Entretenimiento	$200,00
Total	$535,00

GRAN TOTAL	**−$178,17**

—Estás ciento ochenta dólares por debajo de tu límite cada mes —le expliqué.

Brandon asintió y dijo: —Por algo es que nunca tengo dinero.

—Y —agregué— si sigues así, tu deuda de tarjetas de crédito aumentará porque estás gastando más de lo que ganas. Esto será casi imposible de pagar porque, reitero, no tienes suficiente dinero adicional. Es un círculo vicioso Brandon, y esto no incluye ahorrar algo en un fondo de emergencia o para tu jubilación.

—¿Qué debería hacer? —preguntó Brandon.

—Primero, tienes que dejar de cubrir tus gastos excesivos con tus tarjetas de crédito. Para ello, debes minimizar otros gastos. Encuentra un lugar menos caro para vivir. Si no puedes, entonces tienes que reducir lo que gastas comiendo fuera del hogar y en entretenimiento.

—Pero eso es mi diversión. ¿Me estás pidiendo que no me divierta? —preguntó Brandon.

—Estoy sugiriendo que encuentres formas más económicas para divertirte. Eres un chico inteligente. Sé creativo. Luego, cuando recibas un aumento de sueldo o un puesto más alto y tus ingresos aumenten, puedes ajustar tu presupuesto para incluir algunas de esas cosas nuevamente. Tienes que pensar en el largo plazo para poder salir adelante.

Ahorrar es un acto de gratificación tardía. A veces es difícil, pero vale la pena al final. Te lo prometo. Ahorra con un propósito: jubilación, educación de los hijos, vacaciones, etc.

¿Acaso tus deudas están creciendo a un ritmo más alto que tu cuenta de ahorro? Si es así, puedes hacer algo al respecto ahora, antes de que te hundas al mando de tu bote.

TUS CUENTAS BANCARIAS

El dinero en tu bolsillo o en una alcancía se puede perder o te lo pueden robar fácilmente. Los bancos pueden proteger tu dinero.

Además, los bancos te pagan interés porque utilizan tu dinero para otros fines hasta que lo necesites. Abre una cuenta corriente y una cuenta de ahorros, y obtén una tarjeta de débito al mismo tiempo para administrar mejor tu dinero.

Cuentas corrientes

Utiliza tus cuentas corrientes para pagar cuentas y gastos diarios. Una vez que depositas dinero en tu cuenta corriente, puedes girar cheques o utilizar tu tarjeta de débito para pagar tus cuentas. Obviamente, solo emite cheques si tienes dinero en tu cuenta o tu cheque rebotará y el banco te cobrará una penalidad muy alta.

Cuentas de ahorro

Las cuentas de ahorro proporcionan un lugar donde guardar tu dinero para emergencias o compras planificadas. Puedes asignar un porcentaje fijo de tu sueldo a esta cuenta, antes de pagar tus obligaciones. Mientras esté ahí, el dinero se acumula y crece porque el banco usualmente paga intereses en las cuentas de ahorro. Un estudio de planificadores financieros demostró que las personas que tuvieron suficiente para mantener su estándar de vida durante la jubilación lo lograron ahorrando, en promedio, el 15% de sus ingresos.

Tarjetas de débito

Las tarjetas de débito parecen tarjetas de crédito pero funcionan como un cheque. Cuando la utilizas, el dinero es deducido inmediatamente de tu cuenta corriente. Asegúrate de tener una tarjeta de débito con protección de sobregiro para evitar pagar gastos adicionales. Tendrás que tener mucho cuidado, ya que algunas tarjetas de débito, si no tienen el sello de una institución conocida, no podrán cubrir las pérdidas como lo puede hacer una tarjeta de crédito. También ten cuidado porque las tarjetas de débito tienen más restricciones para corregir cargos no autorizados.

Revisa tus cuentas

Desarrolla el hábito de monitorear tus estados de cuentas mensuales para verificar los movimientos. Revisa cada transacción incluyendo cheques, pagos de cuentas vía Internet, retiros de cajeros automáticos y cargos a tu tarjeta de débito. Al hacer esto, sabrás cuánto dinero hay en cada cuenta y no gastarás el dinero que no tienes. Además, evitarás las molestias de tener que ocuparte de cheques rebotados. Asimismo, evita pagar tarde porque eso podría ocasionarte no solo una multa sino intereses más altos en tu tarjeta de crédito.

LAS DEUDAS

Nos pasa a todos, a veces no resistimos la tentación, o quizá algo fuera de nuestro control, como un accidente, hizo que usáramos la tarjeta de crédito sin tener el efectivo. Es difícil diferenciar lo que de verdad necesitamos para sobrevivir y lo que emocionalmente nos satisface en el momento. El país que peor se endeuda es Estados Unidos, pero otros países del mundo como algunos de Europa y Latinoamérica sufren del mismo mal.

Entiendo que algunas veces es por necesidad, pero otras simplemente es por impulso, consumismo. Algunas personas hasta sacan dinero de sus casas para pagar cosas que no valen la pena. No solo es una epidemia de los individuos sino de los países alrededor del mundo que viven con más de lo que tienen. Todos debemos evaluar regularmente nuestro patrimonio neto y nuestro presupuesto y tener un sistema automático para monitorear los gastos.

La primera recomendación es tener solamente dos tarjetas de crédito, una para las cosas fijas de la casa y otra para gastos extraordinarios y emergencias. Algunas tiendas dan descuentos y premios, pero al final de cuentas, al usar ese tipo de tarjetas terminamos gastando más de lo debido para llegar al "mínimo" y obtener el descuento. Elige inteligente y cuidadosamente las dos que escogerás. Empecemos con el objetivo, ¿qué es lo primero que harás cuando termines de pagar tus deudas? Escribe en un papel dos oraciones con detalles.

Reduce el costo de las tarjetas

En algunos países, como los Estados Unidos, el informe de crédito es gratis una vez al mes. Este informe es muy importante y se consulta cuando uno aplica para el alquiler de una casa, un empleo, seguro de carro y tarjetas de crédito, y no hacer pagos a tiempo y deber más del límite lo afectan mucho. Siempre averigua qué medios hay para ayudarte a mantener un buen historial crediticio con tu banco o institución financiera.

Si tienes mucha deuda en tus tarjetas de crédito, está minando tu seguridad financiera y debes actuar rápidamente. Si tuvieras un saldo de US$ 1.000, pagando solo el mínimo,¡demorarás más de veinte años en pagarlo! Pagarás casi el doble en interés. En cambio, si tuvieras el mismo mínimo mensual y lo invirtieras, tendrías ahorrados US$ 5.000, en lugar de tener un saldo negativo de US$ 2.000.

Vamos a la raíz del problema. ¿Cómo llegaste a la deuda? ¿Acaso se acumuló y no te diste cuenta? Para esto, de ahora en adelante solo paga en efectivo y deja las tarjetas en la casa. Antes de comprar algo fuera de tu presupuesto, piensa ¿esto tiene el potencial de mejorar mi vida a largo plazo? Si después de hacerte estas preguntas, igual gastas innecesariamente, esto podría ser una adicción.

¿Cómo identificar si eres adicto al gasto?

- Compras cosas que quieres sin efectivo.
- No tienes sitio para poner tus cosas y te olvidas que compraste algo.
- Te quejas de que no te alcanza el dinero: "No sé dónde se fue".
- Nunca vas a comprar con una lista o un presupuesto en mente.
- No evalúas si lo que estás comprando puedes conseguirlo a mejor precio.

Normalmente, las cosas en que un adicto gasta más incluyen: cosas que no se pueden usar por mucho tiempo, no duraderas, cosas variables sin límite de precio, ropa, zapatos, electrodomésticos, cosas que no puede pagar en efectivo, regalos para los demás y para ellos mismos.

Sin embargo, los siguientes consejos pueden ayudarte a controlar esta adicción:

- Evita ir de compras cuando estás excesivamente cansado, estresado o deprimido.
- Evalúa cada compra por encima de un monto determinado; busca en Internet para ver si consigues un mejor precio.
- Evita salir a comprar sin lista, sin propósito, sin presupuesto o sin efectivo.
- Escribe todas tus compras y justifícalas.
- Si no puedes pedirle ayuda a un familiar cercano, busca un terapeuta que se especialice en este tipo de adicción.

Los psicólogos indican que este comportamiento empieza por

la necesidad de sentirse especial y combatir el aislamiento. Generalmente, las personas con esta adicción tienden a remplazar cosas que están ausentes en sus vidas con cosas materiales. Tienen baja autoestima y por lo general tienden a ser depresivos, ansiosos, adictos a otros vicios, impulsivos, etc. En algunos casos, hasta podría ser genético. Hay grupos de autoayuda en todo el mundo para gastadores compulsivos.

Algunas personas muy endeudadas tendrán que considerar pagar sus deudas con sus inversiones. Sin embargo, la verdad es que no existe una inversión que garantice un rendimiento de dos dígitos. No vacíes tu fondo de inversiones, primero evalúa qué cantidad tendría sentido aplicar hacia tu deuda.

¿Debo cuánto?

Me acuerdo de la primera vez que me compré un departamento. Lo compré con US$ 5.000 y a la semana siguiente me llegó una carta de un banco que me ofrecía prestarme casi el doble del valor de mi departamento. ¡Qué fácil hubiera sido, y en dos segundos mi deuda se hubiese duplicado! Obtener crédito se hace más fácil cada día, pero solo porque te lo ofrecen no significa que lo tienes que aceptar. Para saber cuánto puedes endeudarte, calcula el monto de tus gastos anuales divido por tus ingresos y tus gastos de casa y préstamos dividido por tus ingresos. La primera ecuación no deberá ser mayor al 28% y la segunda no deberá ser mayor al 36%. El resto, para llegar a 100%, corresponderá a los impuestos, fondos de jubilación y ahorros.

El primer paso para poder controlar tus deudas es hacer una lista con el saldo, la tasa de interés, el pago mensual y el límite de todas tus obligaciones como préstamos, autos, etc. Cuando sumes todo eso y lo dividas por tus ingresos, te tendrá que dar no más de 36%. Ahora, agrégale una columna a tu lista, "Pago extra para bajar mi deuda", y pon la que tenga el interés más alto por encima de las demás.

Comprende las deudas

Todos deberían entender las deudas antes de sumergirse en ellas. Aquí tienes tu oportunidad. Existen dos tipos de deudas: la positiva y la negativa.

Deuda positiva

No todas las deudas son negativas, algunas deudas te pueden ayudar en la vida y te pagarán dividendos a largo plazo. Pedir un préstamo por una buena razón tiene sentido porque estarás haciendo una inversión. Los préstamos para tu educación, para empezar un negocio o comprar un negocio, para comprar un terreno o propiedad, te podrán dar un rendimiento de tu dinero. Los préstamos para tu educación te ayudarán a ganar más en el futuro; si compras una propiedad, ésta se podría apreciar o dar rentabilidad. También incluye aquellas cosas que tienen la capacidad de apreciarse en el futuro (tu educación, una casa o un negocio).

Deuda negativa

Las deudas negativas incluyen las que se adquieren por artículos de consumo como un bote, auto, muebles, electrodomésticos o vacaciones. No es una buena deuda porque implica que estás viviendo por encima de tus ingresos. Y la tasa de interés de estas deudas será más alta que la de las deudas de inversión (ver deudas positivas). Esta deuda incluye cosas que tienden a depreciarse en el futuro (como la ropa y los artefactos electrónicos).

¿Por qué es importante realizar esta distinción? La diferencia está entre el éxito financiero a largo plazo o hundirse en un mar de cuentas.

¿Cómo puedes reducir tu deuda negativa? Primero, cancela o congela tus tarjetas de crédito. Como mencioné antes, ten una tarjeta para los gastos fijos y otra para "emergencias". No necesitas más. Algunos expertos recomiendan no cancelar tarjetas de crédito porque puede afectar tu historial crediticio, pero esta reducción en tu informe de crédito es momentánea y el beneficio a largo plazo de no tener tantas tarjetas es mayor a los cincuenta puntos que podrás perder temporalmente en tu historial crediticio.

Administra tus tarjetas de crédito

Las tarjetas de crédito te permiten comprar ahora y pagar más tarde. Un alto nivel de deudas de tarjetas de crédito es una de las razones principales por las que las personas se declaran en bancarrota. Sin embargo, hay momentos en los cuales las tarjetas de crédito deben utilizarse, como cuando tienes poco efectivo para realizar grandes compras o para empezar a formar un historial crediticio.

Sin embargo, una advertencia: las empresas de tarjetas de crédito te permitirán pagar solo una parte de tu cuenta, pero te cobrarán altos intereses por la cantidad que no hayas pagado antes de la fecha límite. Considera pagar el saldo lo antes posible. Tomando en cuenta altos intereses, una compra de US$ 1.000 en tu tarjeta de crédito puede terminar costándote US$ 3.400 y veinte años para pagarla si realizas solo los pagos mínimos mensuales. Así que, potencialmente, ¡podrías estar pagando por un nuevo guardarropa quince años después de haberlo donado a una organización benéfica! Por eso, siempre recomiendo no cargar a tu tarjeta un importe mayor del que puedas pagar en uno o dos meses.

Qué tarjeta escoger

Cuando decidas solicitar una tarjeta de crédito, compara:

- Costos, incluyendo intereses anuales, cargos por pagos atrasados, adelantos de dinero en efectivo y costos de transferencia de saldo o giros.
- Características, incluyendo el período de gracia para pagar, el límite de crédito, el nivel de cobertura de la tarjeta, beneficios, premios y el servicio al cliente.

Pasos básicos para administrar tus tarjetas

Para administrar tus tarjetas de crédito efectivamente, recomiendo:

- Tener dos tarjetas de crédito como máximo. No aceptes cada oferta de tarjeta que recibas; esta es la manera más rápida de acumular deuda.
- Nunca gastes más del 50% de tu línea de crédito.
- Siempre paga el saldo que debes a tiempo.
- Evita cargar cosas a tu tarjeta que puedas pagar en efectivo. De esta forma, evitarás cargos adicionales.
- Nunca abuses de tus tarjetas de crédito.

Comprende las clasificaciones crediticias

Ahora, hablemos sobre clasificaciones crediticias. El crédito es importante porque, al igual que la reputación, es muy fácil de perder y te lleva mucho tiempo establecer. Construir un sólido historial crediticio es vital para tus futuras transacciones financieras. Tener un sólido historial crediticio te ahorra dinero a la larga. Necesitas un buen historial crediticio para obtener buenas tasas de interés cuando compras autos y casas, y cuando solicitas un seguro vehicular. También necesitas un buen historial crediticio cuando alquilas un departamento o una casa.

En los Estados Unidos, cuando te postulas a un trabajo, tu posible empleador podría revisar tu historial crediticio como referencia. Un buen historial crediticio también determina si puedes obtener un préstamo educativo para la universidad. Las claves para un buen historial crediticio incluyen:

- Siempre paga tus cuentas a tiempo.
- Mantén saldos bajos en las tarjetas de crédito.
- Paga más que el valor mínimo que debes.

Ten mucho cuidado con pagar otras cuentas desde tu tarjeta de crédito, como el teléfono, o de pagar una tarjeta de crédito con otra porque te ofrecen un 0% de interés al principio. Al final, estarás comprometido para pagar eso y más, si decides cargar más compras.

En los Estados Unidos los historiales crediticios son administrados por tres instituciones: Equifax, Experian y TransUnion. Una vez que contraigas crédito podrás tener acceso a tu reporte anual. Siempre revísalo para asegurarte de que toda la información esté al día y sea correcta. La mayor parte del reporte depende de tus pagos y de la cantidad que debes. Si en algún momento consideras la bancarrota, tu crédito podría verse afectado por un periodo de hasta diez años.

TAREA PARA LA FAMILIA

Lee el siguiente cuento con tus hijos y luego repasen juntos las lecciones que le siguen.

NADIA Y SUS AHORROS INVERNALES

Nadia estaba muy inquieta... ¿qué podría pasar ahora? Desde que era una osita le enseñaron a ahorrar y siempre lo hizo bien, guardando parte de lo que sus padres le daban para cuando llegaran los días de lluvia, como le decían. Todavía podía recordar claramente a su mamá, Elsa, conversando con ella en el bosque... ¿Cuántos años tendría? No lo recordaba, pero debió haber sido muy pequeña. Mientras charlaban, estaban guardando hojas, semillas y todo el alimento que encontraban porque ya se acercaba el invierno y, como sabemos, los osos hibernan durante seis meses.

Antes de entrar a la cueva donde pasan el invierno cómodamente durmiendo, tienen que trabajar mucho para poder descansar. "Mira, Nadia, vamos a reflexionar sobre el trabajo que estamos haciendo. ¿Te das cuenta del tiempo y la dedicación que estamos usando para obtener nuestras semillas? No podemos comerlas todas porque si lo hacemos, nos quedaríamos sin nada. Te voy a dar doce semillas", le dijo Elsa, "pero tienes que separarlas en cuatro grupos. Un grupo de semillas será para que te las comas cuando tengas hambre, puedes comerlas en cualquier momento; las del segundo grupo debes tocarlas solo en caso de emergencia —por ejemplo, si el invierno se alargara y no pudiéramos salir de nuestra cueva, ese sería el momento de tocar tus semillas ahorradas. Si no tienes necesidad de usarlas, al llegar la primavera tendrás muchas ahorradas. El tercer grupo es para esparcirlo nuevamente en el bosque, sembrándolas con mucho cuidado. Esas semillas en el futuro se convertirán en árboles y te darán el doble, triple y más de semillas, si sabes in-vertirlas sembrándolas. Y el cuarto grupo es para que prepares algunos postres y los intercambies con los demás animalitos del bosque. Así tendrás, además de semillas, más comida y tal vez otras cosas que tú sola no podrías conseguir. De esta manera estarías invirtiendo tus semillas".

Durante muchos años siguió las

lecciones de su madre y todo fue muy bien, todos eran felices y vivían tranquilos. El problema empezó cuando conoció a Pedro, un oso muy apuesto, que además le cantaba unas canciones románticas a la luz de la luna. Llegó el momento de comenzar su propia vida y casarse. La boda fue hermosa, estaban los pajaritos, venados y demás amigos del bosque. Cuando llegó el otoño, época de prepararse para invernar, Nadia trabajó muy duro para conseguir las semillas y hojas, pero Pedro seguía echado tomando sol y cantando.

Nadia estaba muy inquieta, ya tendría que invernar, seguir las enseñanzas de su mamá, pero ¿y Pedro? Decidió preguntarle por qué no estaba trabajando ni ayudándola como hacía su papá con su mamá. Se sorprendió muchísimo con la respuesta: él no sabía ahorrar, invertir, ni trabajar. Su mamá y papá habían muerto cuando él era muy pequeño y vivió de lo que otras familias de osos le daban. ¡Pobrecito, nadie le había enseñado! Entonces, Nadia le enseñó todo lo que había aprendido.

Los osos
Estos animales tienen la habilidad de planificar hacia el futuro para sobrevivir. Aproximadamente tres meses antes del invierno, ingieren comidas con un alto contenido graso que los mantendrán llenos por meses. Luego, sabiendo que no tendrán suficiente alimento durante los meses de invierno, regulan sus cuerpos para comer cantidades más pequeñas de lo habitual. Al igual que las ardillas, los ratones y los castores, los osos almacenan comida para ingerir más tarde. Igual que los osos, nosotros debemos aprender cómo preservar nuestros recursos para sobrevivir.

Lecciones para recordar:
• Trabajamos mucho por lo que nos gusta, hacemos esfuer-

zos, empleamos tiempo y dedicación para obtener lo que queremos.

- No pedimos prestado ni regalado, conseguimos lo que queremos con nuestros recursos y nos preparamos para poder lograrlo.
- Consumimos lo que necesitamos y guardamos el resto.
- Una parte la invertimos para conseguir el doble o más.

Ejercicio

Enséñales a los niños que ahorramos para protegernos de eventuales emergencias, para el futuro y para comprar cosas que necesitamos.

- Hagan entre todos una lista de todas las cosas que pueden ahorrar en la casa.
- Hagan una lista de cosas que les gustaría hacer: vacaciones, comprar una computadora, etc.
- Ayuda a tus hijos a preparar un presupuesto para su ropa y dales el control.

5

Invierte y gana por tu pasión

Una manera muy útil para aumentar tu dinero tanto del presente como el que recibirás en el futuro al jubilarte, es a través de la inversión. Vale la pena informarse más sobre cómo invertir y qué métodos mejor cuajan con tu personalidad financiera. Aquí te brindo dos ejemplos. Luego sigue leyendo para entrar al mundo fascinante de la inversión y sus ganancias.

Conoce a los Graham

Michael y Wendy Graham podrían escribir un manual sobre cómo criar a niños y empujarlos a alcanzar su máximo nivel. Ellos tienen estándares de conducta y desempeño muy altos y se aseguraron de que sus hijos, Christine y Andrew, recibieran la mejor educación posible, pero no pagaron por toda la matrícula de su universidad. Michael y Wendy querían que sus hijos aprendieran a trabajar, ganar, ahorrar y apreciar el dinero. Christine y Andrew también pagaron sus primeros autos. Pero lo más importante es que aprendieron de sus padres cómo invertir inteligentemente una parte de lo que ganaban. Hoy en día, Christine y Andrew son financieramente exitosos, igual que en su vida personal, profesional y social.

Conoce a los DeWitt

Patty y James DeWitt también tienen dos hijos, Danny y Karen. Patty fue extremadamente protectora con sus hijos y, en consecuencia, Danny y Karen crecieron de forma dependiente y sin saber hacer ciertas cosas por su cuenta —incluyendo cómo ganar y ahorrar dinero— hasta que terminaron la universidad y se fueron a vivir por su cuenta.

A partir de ese momento, tuvieron que aprender de forma brusca como la gran mayoría de nosotros. Perdieron dinero y tiempo cometiendo errores costosos. Les tomó un tiempo, pero finalmente se adaptaron para poder sobrevivir. Ambos tomaron cursos sobre la administración del dinero e inversiones en un instituto local. Ahora, al igual que Christine y Andrew Graham, son muy exitosos

QUIERO GANAR

La riqueza es nada sin pasión. Trabajar en pos de esa pasión te rendirá frutos sin límites. —Aristóteles

¿De dónde viene tu motivación? ¿Qué ocasiona que tu mente, cuerpo y espíritu se pongan en acción? Como vimos antes, según el científico y naturalista británico Charles Darwin, saber qué te motiva y qué desencadena tus acciones es clave para tu evolución.

¿Alguna vez te has preguntado por qué tienes más energía en ciertos días y menos en otros? Hay un pequeño motor dentro de ti llamado motivación, que se prende y se apaga. Parte de tu motivación se desarrolló cuando todavía estabas en el vientre de tu madre.

¿Por qué estoy hablando sobre la motivación cuando este es un libro sobre el dinero? Porque tu motivación determina si asistirás o no a la universidad, qué tipo de trabajo o profesión tendrás, cómo te desempeñarás en tu empleo, cuánto dinero ganarás a lo largo de tu vida y cómo manejarás ese dinero. Tu motivación es tu locomotora interna que te empuja hacia adelante, hacia el éxito, y te ayuda a cumplir tus sueños.

Para entender el origen de tu motivación, debes observar detenidamente a tu familia y empezar a explorar su historia. Tienes que averiguar qué los motiva y entusiasma a ellos. ¿Por qué? Nada más simple, como dice el dicho: "De tal palo, tal astilla". En otras palabras, puede ser que instintivamente sigas los pasos de tu familia sin darte cuenta.

Recientemente almorcé con un hombre muy exitoso. Cuando le pregunté de dónde había obtenido su motivación, respondió: "De mi familia. No sé cuándo empezó exactamente, pero fue por lo menos hace cuatro generaciones que nosotros, como familia, sentimos que teníamos que ser productivos. No ves a muchas personas de mi familia sentadas sin hacer nada durante un largo período de tiempo".

A continuación te presento algunas respuestas que recibí de varios jóvenes cuando les pregunté: "¿Qué te mueve y motiva?".

Susan, 18 años

Susan me contó que su motivación viene de sus padres. "Ellos trabajaron arduamente día a día, pero también se dieron el tiempo para darnos atención. Mi papá tuvo una buena educación, es inteligente, disciplinado y llegó a donde está por sus propios esfuerzos. Mi mamá se dedicó a la familia. Su bondad y compasión fueron los grandes regalos que me dio. Mis hermanas mayores fueron también muy importantes, pues tenían grandes expectativas para mí".

Leo, 22 años

Leo me comentó que su motivación deriva de la reafirmación positiva que recibió a lo largo de su vida. "Fui un gran estudiante, siempre entre los primeros puestos en mi clase. Mis padres me brindaron todo su apoyo y nos dijeron a mis hermanos y a mí que todo lo que queríamos hacer era posible. Nunca escuché: 'No se puede hacer'. Siempre escuché: 'Inténtalo'".

Darnell, 25 años

"Mi motivación viene de ver a mi papá trabajar duro y alcanzar el éxito a una temprana edad", menciona Darnell. "Lamentablemente, murió cuando éramos adolescentes, y luchamos para sobrevivir sin él. Sin embargo, esto me impulsó a querer ser lo mejor que pueda en lo que hago".

María, 28 años

María dice que triunfar en conjunto como familia la motiva. ¿Qué hace que se levante cada mañana? "Mis hijos y hacer todo lo que pueda para contribuir con su salud y bienestar. Los valores familiares son uno de los elementos más importantes que definen en quién nos convertimos en nuestras vidas adultas".

Anya, 20 años

"Estoy motivada por mi capacidad de ser independiente y estar en paz con todas las cosas hermosas que la naturaleza nos da", responde Anya. "Mi padre me enseñó a escuchar a los pájaros, apreciar los colores del cielo y meditar".

Peter, 19 años

"Estoy motivado por un sentimiento de logro. Mis padres me lo

ndo era muy pequeño. Marcar una diferencia en la
también me motiva", dice Peter.

Joachim, 22 años

A Joachim lo motiva mejorar tremendamente un proyecto o tarea,
y que él sea el autor. "También hay un aspecto competitivo relacionado con mi motivación. Quiero hacerlo mejor, ganarle a mi
competencia y sobresalir".

Y a ti, ¿qué te mueve y motiva?

LA CLAVE ESTÁ EN INVERTIR

¿Por qué invertir? Por dos de las más importantes palabras que
escucharás en tu vida: **interés compuesto**.

Primero, hablemos sobre el interés. El interés es el dinero que
tú pagas por utilizar el dinero de otra persona o que otra persona
te paga a ti por utilizar tu dinero.

Digamos que le prestas a un amigo US$ 1.000 (a esto se le
llama capital inicial) para que él o ella ponga un negocio. Ambos
deciden que tu amigo te pagará una tasa de interés anual de 20%
hasta que cancele el saldo. Ahora, digamos que tu amigo no te
paga nada por cinco años. Le sumarías 20% al saldo cada año, de
la siguiente forma:

Año	Saldo	+ 20%	Total
1	US$ 1.000	US$ 200	US$ 1.200
2	US$ 1.200	US$ 240	US$ 1.440
3	US$ 1.440	US$ 288	US$ 1.728
4	US$ 1.728	US$ 346	US$ 2.074
5	US$ 2.074	US$ 415	US$ 2.488

Al final de los cinco años, tu amigo te debería US$ 1.488 además de los US$ 1.000 originales que le prestaste a él o ella sin hacer nada. A este dinero adicional se le llama rentabilidad. Buen negocio, ¿verdad? Para ti, sí. Pero no tanto para tu amigo. Sin embargo, ese es el precio que tienes que pagar cuando adquieres un préstamo.

Así que, cada año, el dinero sumado al valor original también genera interés. Esto se llama capitalización. Y el interés compuesto es, reitero, la razón por la cual debes invertir. Las compañías de inversión te pagarán interés compuesto por el dinero que les prestas o te pagarán dividendos por invertir en ellas. Ahora, veamos qué sucede con la misma cantidad de dinero que has cargado a una tarjeta de crédito (deuda) en comparación con invertirla.

	Tarjeta de crédito	Inversión
Saldo/Cantidad	US$ 10.000	US$ 10.000
Interés	16% (por pagar)	8% (recibido)
Pago mensual	US$ 168	US$ 155
En diez años habrás...	**Pagado US$ 20.102**	**Ganado US$ 19.120**

El tiempo, en este caso, es verdaderamente oro. ¿Acaso he logrado convencerte? ¿Todavía no? Entonces, ¿qué te parece esto? Si a los veinte años empiezas a poner US$ 100 mensuales en una inversión con tasa de interés promedio de 8%, tus US$ 100 crecerán a US$ 95.950 para cuando tengas cuarenta y cinco años. Nada mal, ¿verdad? Pero si esperas y empiezas a invertir a los treinta y cinco, esos US$ 100 serán tan sólo US$ 20.000 cuando cumplas cuarenta y cinco.

En otras palabras, con una tasa de inflación del 3%, un dólar disminuye en poder adquisitivo a 64 centavos en quince años. Así que si depositas tu dinero debajo de un colchón cada mes, tus US$ 15.000 (US$ 100 × 15 años) disminuirían en poder adquisitivo a US$ 9.628 (64 centavos × US$ 15.000). ¡Una pena!

Creo que ahora puedes ver por qué necesitas invertir lo antes posible. El interés compuesto es, simplemente, mágico. Pero existen riesgos al prestar tu dinero. El negocio de tu amigo podría fracasar, él o ella podrían irse a la bancarrota y, si eso ocurre, nunca recibirías el repago o devolución de tu préstamo original —y mucho menos tu ganancia. Del mismo modo, una compañía de inversión podría hacer malas inversiones y podrías perder todo o parte de tu capital original.

Por eso tienes que diversificar —distribuir— tus inversiones (tu cartera), para asegurarte de no perder todo si una fracasa. En otras palabras, no quieres poner todo tu dinero en una misma canasta (inversión).

La diversificación es la clave para una cartera exitosa. Seleccionar inversiones diferentes, también llamadas bienes, te permite maximizar tu rendimiento y reducir tu riesgo. Invertir no es solo acciones y bonos; también incluye negocios, inmuebles, educación, etc.

Entonces, ¿cómo saber en qué invertir y de qué alejarse? Puedes pasarte años investigando y estudiando el tema o puedes recurrir a un asesor financiero certificado en planificación patrimonial (CFP®) o a un consultor financiero de confianza.

Empecemos con tu tolerancia al riesgo

Cada persona es única; cuando piensas en riesgo, ¿qué te viene a la mente? ¿Volatilidad? ¿Cuánto dinero podrías perder sin desesperarte?

El riesgo se define en la probabilidad de no llegar a tu objetivo. Contesta las siguientes preguntas:

- ¿Cómo calificarías tu conocimiento sobre las inversiones: experto, intermedio, principiante?
- ¿Qué porcentaje de tu portafolio podrías tolerar perder en un año de 0 a 50%? ¿Y en cinco años?
- ¿Qué porcentaje de tu portafolio venderías si el mercado cae un 20%?

Es muy importante que inviertas de acuerdo a tu conocimiento y también que te mantengas informado sobre los mercados globales. La bolsa se mueve diariamente y saber cuál es tu tolerancia determinará el tipo de inversiones que tendrás en tu portafolio. Finalmente, saber cuánto necesitarás en el futuro es clave para el riesgo del portafolio. A medida que te acerques a tu meta, podrás reducir la volatilidad y la cantidad será más exacta.

Sigamos con el monto al que necesitas llegar

¿Cuánto necesitarás ahorrar para llegar a tu independencia financiera? ¿Cuánto necesitarás tener invertido? Por ejemplo, si vives con US$ 2.000 al mes, necesitarás tener invertido US$ 600.000 para poder vivir sin trabajar. Si empiezas ahorrando desde joven no tendrás que ahorrar tanto mensualmente. Si esperas hasta los cuarenta años para comenzar a ahorrar, deberás ahorrar mensualmente casi el doble para llegar a la misma cifra que si empezaras a los veinte.

¿Cómo puedes asegurarte de llegar? Contrata a un planificador financiero o aprende por tu cuenta. ¿Sabes en qué está invertido tu dinero ahora?

Cómo distribuir tus activos

Haz una lista de todos tus activos, las cantidades, y categorízalos por sector y porcentaje total del portafolio. Ejemplos de sectores incluyen: renta fija, siendo bonos (corto, mediano, largo plazo); renta variable, siendo acciones (crecimiento, acciones menores, acciones mayores, internacional, mercados emergentes); alternativos, siendo fondos de arbitraje, fondo de bienes raíces, materias primas.

Existen también los fondos ETF, una forma de invertir en índices. Hay fondos para cada sector imaginable y la ventaja de estos fondos es su precio. Sigue leyendo este capítulo para encontrar una definición más clara de esta y otras inversiones.

La distribución de los activos determinará el 90% del rendimiento del portafolio total, lo que significa que el bono individual o acción individual que escojas no es tan importante como el sector. La distribución de tu portafolio dependerá del tiempo que tengas para llegar a tu objetivo, el monto que quieras acumular y tu tolerancia al riesgo. Por ejemplo, digamos que tus inversiones tienen como propósito tu jubilación y estás a diez años de jubilarte. El monto de acciones máximo que deberás tener será de 60%; si puedes tolerar un 20% de tu portafolio al año, no deberás tener más del 50% en acciones. Un portafolio de inversiones compuesto del 60% en acciones y 40% en bonos, en los últimos setenta años tuvo un rendimiento de alrededor de 7%.

Dado que este portafolio es para tu jubilación, ¿sabes cuánto debes ahorrar? La mayoría de las familias alrededor del mundo gastan el 100% de lo que ganan. La mejor forma de ahorrar es haciendo un giro, una transferencia directamente a tu cuenta de jubilación, de esta forma no lo verás. Igualmente importante es tu fondo de emergencias para no tener que recurrir a tus tarjetas de crédito. El fondo de emergencias no deberá ser invertido a largo plazo, considera un instrumento que tenga liquidez y no arriesgue el capital.

Es importante preguntarle al departamento de recursos humanos de la empresa en la que trabajas sobre el tipo de beneficios disponibles y sus ventajas. Hay fondos de pensión que se deducen automáticamente de tu cheque, fondos para la salud que te ahorran impuestos, etc.

Si tu meta es ahorrar para la universidad de tus hijos, considera las mismas pautas para la distribución de activos. Si tu objetivo es inferior a ocho años, no inviertas más de 50% en renta variable o acciones. Cada país ofrece diferentes tipos de planes de ahorro para la educación. Consulta con tu planificador financiero o busca la información en Internet.

Calcula qué tipo de rendimiento necesitas

Para calcular el rendimiento de tus inversiones, compara el monto de fin de mes con el monto de fin de año.¿Cuál es el valor de tus inversiones? Réstale tus aportes y divide el monto neto del valor de tu cuenta a fin de año. Para saber si tu rendimiento es promedio, compáralo con los índices de los sectores a nivel mundial.

Los índices de los mercados serán el mejor instrumento a tu disposición para asegurarte de que tus inversiones están siguiendo el comportamiento del resto del sector y que no se estén derivando de la estrategia de inversión.

Reevalúa tu portafolio

Después de crear y distribuir tus activos, necesitarás reevaluarlo al menos una vez al año; marca la fecha en tu calendario. Digamos que tienes un portafolio que está distribuido de esta manera: 50% en acciones y 50% en bonos. Este portafolio, con el tiempo y dependiendo del comportamiento de los mercados, podría convertirse en 75% acciones y 25% bonos, y quizás represente demasiado riesgo para ti. Deberás evaluar y considerar regresar los porcentajes a donde empezaron. En este ejemplo se puede hacer de dos maneras: vender tus acciones para equilibrar los bonos, o depositar más dinero y solo comprar bonos para llegar a la distribución deseada. La razón más importante de hacer estos ajustes es controlar el riesgo. Recuerda que comprar y vender activos puede ocasionar gastos por transacción y, a veces, impuestos por las ganancias. Te recomiendo que si tus porcentajes están desfasados menos del 10%, no te preocupes.

Para recordar:
- Construye tu portafolio de acuerdo con tus metas.
- Distribúyelo entre sectores diversos.
- Considera cuánto estás dispuesto a perder en un año.
- Entiende tu tolerancia al riesgo y reajusta tu portafolio una vez al año.

APRENDE EL VOCABULARIO

Si decides recurrir a un consultor financiero, igual deberías tomar un curso básico sobre finanzas, leer un buen libro sobre inversiones o investigar en Internet para que puedas:

- Aprender el vocabulario del mundo de las inversiones.
- Hablar inteligentemente sobre tus inversiones con tu consultor.
- Revisar y comprender los estados de tu cartera de inversiones.

Por ejemplo, podría ser necesario que aprendas qué son los términos como producto bruto interno (PBI), ganancias corporativas, liquidez, venta de activos, bolsa de valores, dividendos, etc. ¿Por qué? El comportamiento de estos diversos elementos afectará el desempeño de tu dinero.

También deberías familiarizarte con los tipos de índices del mercado de acuerdo con la región de interés. En Latinoamérica uno de los más grandes es Bovespa de Brasil; en Europa el FTSE; en Asia el HangSeng; en los Estados Unidos el Dow Jones, el S&P 500, y el NASDAQ, entre otros. Estos índices te darán una idea de la volatilidad del mercado de inversión en la región. Para más información sobre los mercados financieros globales visita: http://espanol.finance.yahoo.com.

TIPOS DE INVERSIONES

Además del vocabulario, deberías aprender sobre los diferentes tipos de inversiones que puedes hacer, reitero, para poder tomar decisiones informadas.

Las inversiones vienen en todas las formas y tamaños y difieren en su nivel de riesgo, rendimientos proyectados, y el tiempo necesario para que maduren y te paguen dividendos. Las opciones básicas de inversiones incluyen bonos, acciones, fondos mutuos (una mezcla de acciones, bonos y productos), bienes raíces y anualidades, entre otros.

Bonos o renta fija

Cuando inviertes en bonos, le estás prestando dinero a una empresa y el bono incluye una fecha de madurez o vencimiento, el tiempo que demorará para que el capital sea retornado. Generalmente se calcula en montos de 100, llamado valor par, más una tasa de interés o cupón. La mayoría de los bonos tiene el cupón o interés fijo. Entonces, por ejemplo, si compras un bono a diez años con una tasa de interés de 4% de un Banco, le estarás prestando ese dinero al banco por una tasa fija.

Otros tipos de bonos tienen algo más de interés pero a medida que los intereses o el cupón suben, la "calidad" del bono tiende a bajar, y todo esto se relaciona con el riesgo que quieras tomar. Si es una empresa muy estable, la probabilidad de que te paguen por el periodo del bono es alta, mientras que una empresa no tan estable tendrá que pagar un porcentaje más alto para atraer a inversionistas como tú. Además, los bonos que pagan interés más alto son los que tienen una madurez más larga. Todo se relaciona con el riesgo.

El precio del bono se mueve de manera opuesta a las tasas de interés. Por ejemplo, si las tasas de interés suben a 5%, tu bono de 4% bajará de precio, ya que nadie querrá comprar un bono con un interés menor. Algunas cosas que hay que tener en cuenta cuando escoges un bono son el tipo de institución, la calidad del crédito, la duración del bono.

Algunos inversionistas piensan que los bonos son inversiones seguras, pero implican el riesgo de reducir el monto invertido. En el peor de los casos, existe el riesgo de que la empresa cierre y no pague, el riesgo de inflación y que tu interés no esté a la par del aumento de la inflación.

Acciones

Las acciones representan un porcentaje de una empresa; tú eres el dueño y así como compartirás las pérdidas, compartirás las ganancias en proporción y tendrás derecho a un dividendo. La relación entre precio y ganancias de una acción en Estados Unidos ha subido un 15% en los últimos veinte años. Si vas a invertir en acciones, es recomendable que consideres las acciones de empresas con presencia global. Así como con los bonos, podrás invertir en acciones individuales o en fondos mutuos de acciones. Si decides invertir en acciones en lugar de fondos mutuos, considera que hay más riesgo, no hay mucha diversificación y solo debes intentarlo si tienes el tiempo para monitorear regularmente la acción. La mejor recomendación es que dejes el monitoreo de las acciones a los profesionales. Solo invierte un porcentaje menor en tus acciones favoritas.

Fondos mutuos y ETFs

Los fondos mutuos son grupos de acciones, bonos, bienes raíces, arbitraje, materias primas, etc. El propósito de un fondo mutuo es reducir el riesgo de tener una acción o un bono de una empresa o material. Al tener un grupo, tu riesgo es menor ya que si una empresa no rinde, tendrás las otras para reducir el impacto de la pérdida.

Los fondos cotizados en bolsa o ETF (Exchange-traded fund, por sus siglas en inglés) operan bajo el mismo concepto de un fondo mutuo, pero en lugar de variar de precio una vez al día, los ETF cambian de precio varias veces durante el día. La mayoría de los ETF se basa en un índice y los mejores cuestan menos y siguen los índices de los mercados globales. Los ETF pueden ofrecer ventajas fiscales y la gestión pasiva puede reducir los costos de este fondo. Consulta un profesional para aprender más sobre este tipo de inversión.

Bienes raíces

Invertir en terrenos, una casa o centros comerciales a través de un fondo o individualmente, dependiendo de tu nivel de riesgo, podría tener sentido. Este sector también es volátil como los demás, es una inversión a largo plazo y toma mucho tiempo investigar cuál es mejor. En esta estrategia de inversión también se pueden usar préstamos para palanquear el rendimiento y minimizar el costo de la inversión. Siempre considera el estado de la economía local y el potencial de crecimiento, la demanda y la oferta de otras propiedades.

Anualidades

Son tipos de cuentas que incluyen una parte de seguro y una parte de inversión. Por lo general, son más caras que otro instrumento pero si tu inversión es a más de diez años y la usas como una forma de diversificación, podrías contribuir un porcentaje de tus ahorros. Ten mucho cuidado con los honorarios y evalúa el propósito antes de firmar.

Una vez que sepas cómo armar un portafolio y qué contiene, considera la diversificación para reducir la volatilidad de los instrumentos que contiene el tuyo. Comprende que las acciones, bonos, fondos de arbitraje y materias primas no tienen un comportamiento igual, uno puede bajar, el otro subir y viceversa.

El porcentaje de las inversiones dependerá de tus metas y tu riesgo; no te distraigas con lo que dicen día a día los medios. La probabilidad de que una acción que todos están comprando siga subiendo es menor y es muy posible que esté sobre su valor. También dependerá de tus metas a corto plazo y a largo plazo, y hay instrumentos/inversiones para cada objetivo. Por ejemplo, si tienes una meta a corto plazo, menor de doce meses, te recomiendo que consideres algo con una duración menor a doce meses. A su vez, siempre recuerda que no es recomendable "jugar a la bolsa" y especular con tu dinero.

Algunos errores que cometen los inversionistas:
- No tener un portafolio diversificado.
- No priorizar sus metas.
- Vender y comprar sin estrategia.
- Invertir en el mejor fondo del año pasado.
- Comprar un porcentaje alto de una acción.
- No tener un asesor que ayude a administrar su portafolio.

Para ayudarte con tus inversiones hay muchos tipos de profesionales, unos que te cobrarán comisión por transacción y otros que te cobrarán por administrar tu portafolio. Escoge el que tenga tu interés en mente y no su bolsillo.

CÁLCULO DEL INTERÉS

Calcular el valor del interés es importante porque muchos de nosotros mantenemos dinero guardado en cuentas corrientes sin interés o en la casa. El interés por lo general sirve para que tu dinero no pierda el valor de compra a causa de la inflación. El promedio de inflación es de un 3% anual y es por eso que tu dinero siempre tendrá que estar subiendo de valor, sino, con el tiempo, perderá el valor y no podrás comprar el mismo producto o servicio. Por ejemplo, compara el costo de ir al cine hoy y hace veinticinco años, una película y el servicio que esta incluye es el mismo, pero el valor numérico subió.

Cálculo de interés simple

El interés simple se basa únicamente en el monto del capital inicial, es decir aunque el monto suba, el interés será igual ya que se basará en el monto inicial y no en el de crecimiento.

$$\text{Monto} \times \text{Tasa de interés} \times \text{Tiempo (en años)}$$
$$= \text{Monto ganado}$$

Ejemplo: Si tienes US$ 100 en una cuenta de ahorro que paga interés simple al 6%, durante el primer año ganarías US$ 6 en intereses.

$$US\$ \ 100 \times 0{,}06 = US\$ \ 6$$

Al finalizar los dos años, habrás ganado US$ 12. La cuenta

continuaría aumentando a razón de US$ 6 por año, a pesar del interés acumulado.

Cálculo de interés compuesto

El interés compuesto se paga sobre la cantidad del depósito original más el interés ganado.

$$(\text{Monto original} + \text{interés ganado}) \times \text{Tasa de interés}$$
$$\times \text{Tiempo (en años)} = \text{Monto ganado}$$

Ejemplo: Si tienes US$ 100 en una cuenta de ahorro que paga interés compuesto anual al 6%, el primer año ganarías US$ 6 en intereses.

$$\text{US\$ } 100 \times 0{,}06 \times 1 = \text{US\$ } 6$$
$$\text{US\$ } 100 + \text{US\$ } 6 = \text{US\$ } 106$$

Pero en el caso del interés compuesto, el segundo año ganarías US$ 6,36 en intereses, ya que se calcula a partir del nuevo monto de US$ 106, que incluye el interés que ganaste el año anterior. El cálculo del segundo año sería el siguiente:

$$\text{US\$ } 106 \times 0{,}06 \times 1 = \text{US\$ } 6{,}36$$

De esta manera, al finalizar los dos años, habrás ganado US$ 12,36. La cuenta continuaría aumentando a razón de 6% sobre el total de la cantidad depositada más el interés acumulado.

La regla del 72

La regla del 72 te ayuda a determinar cuántos años te llevará duplicar tu dinero:

Si divides 72 entre la tasa de interés, es igual al numero de años en que podrás duplicar tu inversión (72/interés = años para duplicar tu inversión). Digamos que una inversión te dará 7% de interés, si dividimos 72 entre 7 (la tasa de interés), sabremos que esa cuenta demorará diez años, a un rendimiento constante, en duplicar tu dinero.

También puedes usar esta regla del 72 para determinar qué interés necesitarías para duplicar tu dinero en un determinado número de años.

72 dividido entre el numero de años para duplicar
tu inversión = tasa de interés.

Por ende, siguiendo el mismo ejemplo anterior, si quieres duplicar tu dinero en 10 años, (72/10) necesitarás una tasa del 7% para llegar a tu meta, asumiendo un rendimiento constante.

ESTRATEGIAS INVERSIONISTAS

Un par de estrategias básicas que todo inversionista tiene bajo la manga son las siguientes. Primero, invierte la misma cantidad de dólares a intervalos regulares en el tiempo, para asegurarte un aumento constante en tu inversión. Y segundo, compra más acciones cuando el precio es bajo, menos acciones cuando el precio es alto. El costo promedio de las acciones será menor que el precio medio del mercado por acción durante el periodo de la inversión.

Recomendaciones para invertir
- Crear una política de inversión.
- Comprometerte con un plan de inversión disciplinado.

- Implementar tu estrategia.
- Documentar tus objetivos y limitaciones.
- Gestionar las expectativas.
- Integrar la inversión con la planificación del patrimonio y las cuestiones fiscales.
- Tener presentes los objetivos.
- Reevaluar la cartera anualmente.
- Reevaluar el plan.

INVERSIONES E IMPUESTOS

Es importante considerar los impuestos cuando estás optando por un tipo de cuenta de inversión. Por ejemplo, cuando abres una cuenta en un fondo de pensiones o de jubilación, estarás contribuyendo automáticamente de tu sueldo antes de que te descuenten impuestos. Sin embargo, tendrás que pagar impuestos cuando retires el dinero en tu jubilación, pero gracias al interés compuesto, el monto final de dinero que retirarás será mucho más alto que si lo hubieses invertido en una cuenta después de impuestos.

Siempre averigua si tu trabajo ofrece beneficios de pensión, seguros o dinero para la salud y medicinas. Algunos contribuyen a tu retiro solo si tú contribuyes también. Aprovecha, es dinero extra.

INVIERTE EN TI

Finalmente, de la misma manera en que diversificas tus activos financieros, para ser exitoso en tu vida tienes que diversificar:

- Tus bienes intelectuales (educación, conocimiento y habilidades).

- Tus bienes sociales (conexiones, voluntariado y amistades).
- Tus bienes espirituales (crecimiento, evolución y cambio).

Recuerda que el éxito y el fin no son el dinero en sí; este es solo la herramienta para cumplir tus metas y sueños y llegar a obtener satisfacción, felicidad y tranquilidad.

TAREA PARA LA FAMILIA

Lee el siguiente cuento con tus hijos y luego charlen sobre las lecciones aprendidas.

NOOR, LA GANADORA

Lily, Helga y Noor, eran tres lindas hermanitas delfines. Vivían en una comunidad de delfines muy grande. A los delfines les gusta vivir acompañados, con la familia y los amigos. Ellas siempre recibían unas monedas todos los fines de semana para comprar dulces o lo que quisieran. Se gastaban todas sus monedas rápidamente y nunca les quedaba nada para invertir. La mamá delfín decidió organizar un concurso entre las tres hermanas y la ganadora sería la que tuviese más monedas a fin de año. Al cabo de un año, llegó el día esperado.

Lily había guardado sus monedas. "Voy a ganar", pensó. Helga había gastado todas sus monedas, no tenía nada y estaba triste. Noor tenía el doble de monedas que su hermana Lily ¡y además tenía una flauta! "¿Cómo puede ser posible?", preguntó su mamá. Noor contó que había comprado una gran cantidad de dulces que le habían costado más baratos que en la tienda y los vendió

en la escuela y el supermercado. Así había ganado más, porque invirtió su dinero y cuando inviertes, tienes una ganancia. Se había comprado una flauta y tenía más monedas que al principio. Ella se había sacrificado durante un año para después disfrutar en el futuro.

Los delfines

Estos son de los animales más inteligentes y se pueden encontrar en todo el mundo. Increíblemente, los delfines tienen dos cerebros. Las madres cuidan a sus bebés muy de cerca y con mucha cautela. Un bebé delfín vive sus primeros años al lado de su madre, observando y aprendiendo todo de ella —desde las habilidades sociales hasta cazar y nadar. La madre carga a su cría en una estela hidrodinámica que se desarrolla cuando la madre nada, lo cual le permite a ella y a su cría mantenerse con el grupo (que, básicamente, es su familia extendida).

¿Qué aprendimos de esto?

Primero, contesta las siguientes preguntas:

- ¿Qué quieres lograr en tu vida?
- ¿Dónde quieres vivir?
- ¿Qué carro quieres tener?
- ¿A dónde quieres viajar?

Para obtener muchas cosas en la vida, primero debes educarte. Esa es una forma de invertir en tu futuro. Cuando ya estés trabajando y ganando tu dinero, actúa como las personas inteligentes, a las que les gusta la buena vida y disfrutar de sus éxitos. Ellas separan su dinero en cuatro partes:

1. Ahorros
2. Gastos
3. Inversiones
4. Para compartir

Los delfines invierten su tiempo y dedicación en enseñarle a sus crías lecciones de la vida para que aseguren su supervivencia y mejoren su calidad de vida. Del mismo modo, tú deberás aprender cómo invirtieron tus padres su tiempo y su dinero para mejorar tu rentabilidad, tu calidad de vida y la de tu familia.

Tú y tu motivación
Quiero que pienses un momento sobre ti y tu motivación. Toma un lápiz o una pluma y responde las siguientes preguntas de la mejor manera que puedas.

- ¿Qué te motiva?
- ¿Qué te hace feliz y enciende tu motor interno?
- ¿Cuál es tu pasión en la vida?
- ¿Cuáles son tus tres metas más importantes en la vida (tu misión)?
- Si el dinero no fuese un obstáculo, ¿qué harías este año para poder alcanzar tus metas?
- ¿Cuáles son las barreras más grandes, aparte del dinero, en tu camino para alcanzar tus metas?
- ¿Qué persona en tu familia ha tenido la mayor influencia en tu motivación personal y por qué?

Tu familia y las inversiones
Ahora piensa en tu familia y las inversiones, y responde las siguientes preguntas:

- ¿Cómo ha ganado e invertido su dinero tu familia en los últimos cien años?
- ¿Cómo ganan e invierten su dinero tus padres?
- ¿Qué estás haciendo para reforzar tus habilidades y valores con relación a tus ingresos e inversiones?
- ¿Cómo pretendes convertirte en un modelo del legado financiero de tu familia?

Recuerda que al conocerte mejor a ti mismo, tomar conciencia de la educación financiera de tu familia y aprender cómo y cuándo invertir, podrás lograr inversiones sabias que te llevarán a las ganancias que deseas para cumplir tus sueños.

6

Comparte y protege tu dinero

Una vez que tengas un plan de ataque financiero y hayas aprendido a ahorrar e invertir, es importante saber cómo proteger tu dinero. ¿Por qué? Pues, porque no quieres sufrir la pérdida innecesaria de todo tu sangre, sudor y lágrimas. A su vez, también lo debes cuidar como legado. Nunca olvides que el dinero no solo sirve para satisfacer tus necesidades. Si sobra, es bueno compartirlo para ayudar a los demás o simplemente cuidarlo para tus herederos, sea tu familia o tus organizaciones sin fines de lucro preferidas. Protégelo para luego poder compartirlo y marcar diferencias en tu familia, tu comunidad y el mundo.

Conoce a Juan Herrera

Juan Herrera, un empresario de poco más de cuarenta años con una buena educación, empezó su empresa ni bien terminó la universidad y la convirtió en una exitosa operación. Ahora es multimillonario. Se casó cerca de los treinta años, pero la relación duró solamente algunos años. Nunca tuvo hijos.

Cuando le pregunté si tenía un testamento me dijo: "No. ¿Por qué debería tenerlo? No tengo a quién dejarle mi dinero. Y, honestamente, pienso quedarme con cada dólar que gané. Trabajé duro para obtenerlo. ¿Por qué debería beneficiarse otra persona del sudor de mi frente?"

Conoce a Simon Cole

Simon Cole, también de más de cuarenta años, proviene de orígenes muy humildes. Huérfano a una temprana edad, fue adoptado a los doce años y recibió una excelente educación. El Sr. Cole es ahora un empresario sumamente exitoso y adinerado, muy conocido en su comunidad. Está extremadamente agradecido por lo que la vida le dio. Recientemente, creó una fundación que ayuda a niños. Él dice: "Dar y compartir es lo más importante que he hecho en mi vida".

También quiere asegurarse de que su familia y sus organizaciones benéficas se mantengan luego de morir. Trabajando con un abogado que se especializa en planificación de bienes, los grandes activos del Sr. Cole ahora están protegidos y serán distribuidos luego de su muerte a su familia y a su fundación.

PASOS ESENCIALES PARA PROTEGER TUS BIENES

Planificar para una crisis

Lamentablemente, no tengo una bola de cristal que me permita ver el futuro, y tú tampoco. Así que tienes que protegerte y tienes que proteger tus bienes. Asegúrate de proteger:

- Tu sueldo, en caso de discapacidad (es más probable que sufras una discapacidad a que mueras prematuramente).
- Tu casa, en caso de incendio, terremoto, inundaciones o cualquier otro acto de la naturaleza.

- Tu carro, en caso de un accidente.
- A tus familiares que dependen de tus ingresos, teniendo seguro de vida.
- Los bienes que acumulas antes de casarte, teniendo un acuerdo legal por escrito.

También tienes que asegurarte de tener los documentos apropiados para cuidar de tu familia en el caso de muerte prematura. Si eres padre, tu testamento tiene que incluir el nombre de la persona que cuidará de tus hijos si tú o tu pareja no pudiesen hacerlo por algún motivo.

Sé que es difícil para las personas, especialmente cuando son jóvenes, pensar en estas cosas, pero hacerlo es responsable y correcto. Piensa en quién se verá afectado cuando ya no estés. Los documentos legales como cartas poder, testamentos y fideicomisos pueden ahorrarles a tus beneficiarios (las personas que recibirán tus bienes) tiempo, dinero y angustia. Ayúdalos.

Planificación del patrimonio

La planificación del patrimonio es el proceso de ordenar la disposición o distribución de todos tus bienes, incluyendo dinero y propiedades. Lo primero que debes hacer es una lista de todas tus pertenencias con títulos y montos, y sumarlo todo. Segundo, decide paso a paso quién recibirá cada activo, pertenencia, etc., y asegúrate de que los beneficiarios de tus cuentas y los de tu testamento estén al día. Después evalúa cuáles son tu legado y objetivos. Algunas personas deberán asegurarse de que un porcentaje vaya a la organización que representa su pasión y dedicación a través de los años ayudando a la comunidad. También habrá que evaluar los títulos de los activos.

Al crecer y acumular dinero, es importante que planifiques tu patrimonio con un abogado especialista en la administración de patrimonios. En general, puedes pasar tus bienes a tus beneficiarios a través de:

- Contratos (como seguros de vida, fondos de pensiones o AFPs).
- Títulos (de inmuebles, como una casa, o de vehículos).
- Testamentos o fideicomisos.

Carta poder

Tus padres tienen el permiso legal de tomar decisiones por ti hasta tus dieciocho años. Una vez que cumples dieciocho, tú tienes el derecho de escoger por tu cuenta a quién otorgas tu carta poder.

Una *carta poder* es un documento escrito por un abogado que le permite a alguien que tú elijas actuar en representación tuya si te has vuelto incapaz de tomar decisiones (por ejemplo, si estuvieses en un accidente o si desarrollas una condición médica que te incapacita). Generalmente, involucra decisiones financieras o médicas.

Las decisiones financieras incluyen cómo pagar tus cuentas y la distribución de tu dinero y bienes. Las decisiones médicas incluyen una orden de no-resucitar, o aceptar o no alimentación asistida (por un tubo).

Si no nombras a alguien a cargo, tu patrimonio o bienes pueden perderse o pueden ser robados. La mejor persona para asumir esta responsabilidad es alguien en quien confíes, que sea emocionalmente y financieramente estable, y que tenga en mente tus mejores intereses. Piensa si prefieres que sea un padre, un familiar, tu mejor amigo o tu pareja. Es muy probable que esta persona cambie con el tiempo, así que también es bueno revaluar esta carta cada tanto, por si la persona a quien le otorgaste este poder inicialmente, ya no está más o ya no tienen la misma relación, etc.

Testamento

Tu testamento es un documento legal que señala cómo serán distribuidos tus bienes luego de tu muerte. Por lo general, necesitas un testamento una vez que has contraído matrimonio o tienes hijos.

Tu testamento también nombra a un ejecutor, que es la persona encargada de verificar que tus deseos se estén cumpliendo. Legalmente hablando, este puesto recae en tu pariente consanguíneo más cercano si no has nombrado a alguien específico en tu testamento, pero puede ser que esa persona no sea capaz de ser tu ejecutor, o no quiera serlo. En ese caso, el poder judicial se convierte en tu ejecutor.

En la actualidad, el 58% de la población estadounidense no tiene un testamento. Muchas personas caen dentro de este porcentaje. Al no dejar un testamento, dejas las decisiones en manos del poder judicial. El poder judicial carece de fondos y tiene un archivo astronómico de procesos pendientes, así que la distribución de tus bienes sería muy, muy lenta. ¿Por qué hacer que tus beneficiarios sufran esta lentitud? Suficiente pena les ha causado tu muerte.

Todo testamento debe pasar por el proceso de validación, es decir, el proceso legal de administración del patrimonio de una persona fallecida, asegurando que sus instrucciones sean respetadas y que se pague a los acreedores.

Si hay niños menores de dieciocho años en tu casa, acuérdate de nombrar a un adulto que se desempeñe como el guardián en el evento de tu muerte. Esta persona deberá tener estabilidad emocional y financiera y a veces no será necesariamente un familiar directo. No te olvides de tus mascotas, quién las cuidará en tu ausencia. Muchos animales son abandonados porque sus dueños fallecieron y se olvidaron de encargárselos a alguien responsable.

También habrá que coordinar arreglos funerarios. Piensa en escribir una carta con instrucciones, una grabación o un video. Recuerda que si no dispones estos arreglos, alguien más lo hará por ti.

Fideicomisos o Living Trusts

Los fideicomisos o *Living Trusts* no remplazan a los testamentos. En realidad, son incluidos algunas veces en los testamentos y cartas poder. A diferencia de un testamento, un fideicomiso en vida adquiere validez cuando aún estás vivo. Tú lo creas para "aferrarte" a bienes durante y después de tu vida.

Se recomienda recurrir a fideicomisos cuando haya bienes que necesitan estar fuera de tu patrimonio por motivos de impuestos y distribución. Existen varios tipos de fideicomisos, y deberías contratar a un abogado especialista para ayudarte a decidir cuál es mejor para ti.

Comunica tus deseos a tu familia

Es vital que le informes a tu familia las decisiones que has tomado en relación al planeamiento de tu patrimonio y cómo deseas que sean ejecutadas. ¿Por qué? Cuando ya no estés acá, es posible que algunos familiares no entiendan tu razonamiento. Sucede muy frecuentemente y eso puede arruinar relaciones y destruir familias. ¿Por qué? Porque el dinero usualmente puede sacar a la luz lo peor de las personas. Lamentablemente, a menudo la codicia se asoma en momentos en los cuales las familias necesitan apoyarse mutuamente.

Por ejemplo, un hombre dejó 15% de su fortuna a un hijo y 85% a otro, sin ninguna explicación. El que recibió la menor cantidad enjuició al otro. Ahora se odian y rehúsan estar en la misma casa, y menos en el mismo cuarto, cuando organizan reuniones familiares.

En otro caso, una madre le dijo a una de sus hijas que quería que ella se quedara con su anillo de compromiso, pero se olvidó de mencionarlo en su testamento. Su hijo, que era el ejecutor del testamento, vendió el anillo cuando su madre falleció, con la intención de dividir entre todos los hermanos el dinero de la venta, al igual que el resto de los fondos de los bienes del patrimonio. La hermana a la cual le había sido prometido el anillo enjuició a su hermano. ¿La enseñanza? Si quieres darle algo en forma específica a una persona, asegúrate que figure en tu testamento.

Mantenlo actualizado

Es importante mantener tu testamento o fideicomiso actualizado porque las cosas cambian con el tiempo. Pudiste haber nombrado a un padre o un tío como tu ejecutor en algún momento, pero podría ser que ya haya fallecido.

Protege tus otros bienes

También es importante hablar sobre proteger tus otros bienes. Proteger tus bienes intelectuales se refiere más a nutrir tu cerebro y ser inteligente sobre tus hábitos y tu salud. Ejercita tu mente con libros, talleres y clases. Nunca dejes de aprender. Aprende algo nuevo cada día. Nutre tu cuerpo de la misma manera. Tú eres lo que comes y lo que bebes.

En cuanto a proteger tus bienes sociales, debes tener cuidado con tu reputación. Construir una reputación demora mucho tiempo, pero se puede destruir en pocos segundos. Siempre trata a los demás como quisieras que te traten a ti. Trata de ver las cosas desde el punto de vista de la otra persona.

Conserva y cultiva tus bienes espirituales buscando maneras de evolucionar y aprender de tus errores. Todo reto es una oportunidad para aprender. Siempre mira el lado positivo de las cosas. Aléjate de la negatividad si puedes, pero si la encuentras, trata de canalizarla hacia algo positivo.

Mitiga el riesgo

Aparte del riesgo de tu portafolio, hay otros riesgos que debes tomar en cuenta:

- ¿Seguirás en el mismo trabajo?
- ¿Qué pasaría si te chocan el auto?
- ¿Y si tus padres tienen que mudarse contigo?
- ¿Qué pasa si tu cónyuge vive hasta los cien años?
- ¿Y si pierdes un familiar?
- ¿Cómo harías si te enjuician?

Algunos riesgos no los podemos controlar, pero otros los podemos asegurar. Deberás comprar un seguro cuando tú y tu familia no puedan pagar por el gasto total. Un buen plan financiero siempre toma en consideración eventos varios y responde a las preguntas clave que comienzan con: "¿Qué pasaría si…?".

El manejo del riesgo puede disminuir o transferir la carga de estos eventos. Siempre es bueno tener un fondo de emergencia de por lo menos seis meses de tus gastos fijos en caso de accidente. Haz una lista de cosas que podrían sucederte a ti y a tu familia y piensa cuál será tu estrategia de protección. Deberás tener seguros si necesitas tus ingresos para sobrevivir y tienes activos que proteger.

Salud

Existen diferentes tipos de seguros, incluyendo los de salud. La salud es lo más importante en nuestras vidas y mantenerse saludable te podrá ahorrar mucho dinero a largo plazo.

Para escoger una compañía de seguros de salud, haz tu tarea y no caigas con las empresas pequeñas que son solamente de descuento y no incluyen servicios importantes. Siempre pregunta lo siguiente:

- ¿Incluye emergencias en un hospital local? ¿Cuáles son los límites?
- ¿Hay un límite de cobertura? ¿Cuál es el deducible?
- ¿Cuánto debo pagar por cada visita al médico?
- ¿Me cubrirá si viajo fuera del país? ¿Tiene cobertura internacional?
- ¿Qué procedimientos no están cubiertos?

También averigua en el departamento de recursos humanos de la empresa donde trabajas si hay fondos de ahorro para cuidados de la salud. La posibilidad de ahorrar en vehículos que te brinda tu empleador tiene más beneficios que ahorrar por tu cuenta. Por ejemplo, en algunos países existe un descuento de impuestos por utilizar uno de estos fondos de ahorro. A la vez, un fondo como este te ayudará a implementar una disciplina de ahorro para tu salud y la de tu familia. Además, en caso de emergencia tendrás dinero disponible exclusivamente para la salud, así no tendrás que tocar los ahorros para, por ejemplo, las vacaciones o un nuevo auto.

Vehículo

Las dos pólizas de seguro más importantes que deberías tener cuando eres una persona soltera e independiente (si no tienes dependientes y todavía no eres dueño de una casa o departamento) son el anteriormente mencionado seguro de salud y un seguro vehicular.

En los Estados Unidos los conductores menores de veintidós años representan el 24,9% de todos los accidentes automovilísticos, aunque constituyen solamente el 13,4% de la población que maneja, según las estadísticas de la oficina de informática.

Otro estudio demuestra que los adolescentes y jóvenes adultos admitidos a la sala de emergencia sin seguro de salud quedan endeudados durante varios años después de terminar la universidad, y algunos se ven obligados a dejar de estudiar para trabajar y pagar sus cuentas. Por esto es esencial, a toda edad legal para manejar, tener un seguro de vehículo.

Posteriormente, al comprar una casa, tener una familia y construir un negocio, surgirán otras importantes pólizas de seguro que necesitarás para proteger a tu familia y a ti, incluyendo seguro de vida, seguro de hogar y seguro contra discapacidad, como veremos a continuación.

Casa

Otro tipo de seguro que uno debe considerar es el de la casa y pertenencias. En caso de asalto, robo o vandalismo uno siempre debe estar protegido. Tu casa deberá estar cubierta por lo que costaría remplazarla y, si alquilas, como mínimo debes tener un seguro de pertenencias.

Al tener este seguro, no olvides de hacer lo siguiente para protegerte. Usa tu cámara para tomarles fotos a todos tus artículos de valor y guarda los recibos para dárselos a la compañía de seguros en caso de emergencia, robo o un desastre natural. Recuerda siempre tener a mano estas fotos más los documentos necesarios en caso de cualquier imprevisto.

Vida y discapacidad

Una de las cosas más importantes en cuanto a la protección de tus seres queridos es el riesgo de accidente o muerte prematura. Consideremos qué pasaría si tienes un accidente y tu recuperación es más prolongada de lo normal. Aunque nadie dependa de tus ingresos, tú dependes de ellos y por eso necesitarás un tipo de póliza que te cubra aunque sea el mantenimiento de tu hogar, víveres y las cuentas mensuales. El seguro de discapacidad te cubrirá mensualmente durante los meses que no puedas trabajar y el monto del mismo deberá ser el 75% de tus ingresos.

Lo que sigue son elementos a considerar cuando estás evaluando un seguro de discapacidad:

- ¿Qué significa discapacidad? Lee con mucho cuidado la definición de la póliza.
- Garantizado. Para que la prima sea baja, deberás tomar el tiempo límite más largo de espera (noventa días aproximadamente).
- Costo de inflación. ¿Los pagos serán ajustados para reflejar el costo de la inflación?

¿Necesitas seguro de vida?

Si alguien de tu familia depende de tus ingresos, necesitarás un seguro de vida. Primero, consulta en tu trabajo cuánta cobertura tienes. Luego evalúa cuántos años de cobertura necesitas, cuantos años de tus ingresos tendrías que remplazar. Recuerda que tienes que calcular el monto después de impuestos.

Con respecto al tipo de seguro que necesitarás, existen seguros por años predeterminados (5, 10, 15, 20, 30) y otros que son de por vida. Recomiendo que compres por el tiempo necesario y que inviertas el resto. Deberás asegurar no solo a la persona que trae los ingresos a la casa, pero también el costo de remplazar a los otros miembros de la familia como, por ejemplo un padre/madre que se queda en la casa a cuidar a los hijos. Cuando compres un seguro de vida, asegúrate de que la compañía sea financieramente estable y que el historial de pagos y servicio al cliente sea bueno. También revisa el precio del seguro y compáralo con los de la competencia.

Para calcular cuánto necesitarás de seguro:
- + Gastos anuales para la familia
- – Ingresos de otros miembros familiares
- × los años que necesites cobertura
- Cobertura de tu empleador

Podrás encontrar mucha información en Internet. Si tienes problemas de salud, será mejor consultar con un agente para que te oriente, él sabrá cuáles compañías son mejores para tus problemas de salud o los de tu familia. Si estás interesado en un seguro de vida permanente, también llama a tu agente de seguros. Consulta con tres referencias y evalúa los términos de cada póliza antes de comprar.

ES HORA DE COMPARTIR

He descubierto que, aparte de sus beneficios, dar libera el alma del donante. —Maya Angelou

La filantropía es el acto de donar dinero, bienes, tiempo o esfuerzo para apoyar una obra benéfica, generalmente a lo largo de un período, con una meta definida. Incluye cualquier actividad que promueva el bien o mejore la calidad de la vida humana.

Esto es lo que Steve Harvey, un famoso comediante y artista

norteamericano, dice sobre la filantropía: "Una cosa simple con la cual mi mamá y papá me criaron es la creencia de que eres dichoso en convertirte en una bendición. Es de suma importancia dar y enseñarles a otros el camino al éxito. Si sabes cómo ser exitoso, entonces es vital que lo compartas y enseñes a otros cómo llegar a ser exitosos".

Harvey se inició en la filantropía en 2000, ayudando a jóvenes en búsqueda de sus carreras y sueños académicos. Recientemente, creó la Fundación Steve Harvey (www.steveharveyfoundation .com), cuya misión es mejorar escuelas públicas de zonas urbanas a través de la mejora de instalaciones y la compra de libros, tecnología y otros recursos esenciales, y ofrecer oportunidades educativas y de asesoría a estudiantes secundarios para que puedan visualizar y lograr sus sueños.

Otro filántropo famoso es Bill Gates, quien fundó la corporación Microsoft en 1975. Gates es una de las personas más ricas del mundo. Él y su esposa establecieron la Fundación Bill y Melinda Gates (www.gatesfoundation.org) en 2000. Su misión es mejorar los servicios de salud, reducir la extrema pobreza en todo el mundo y expandir las oportunidades educativas y el acceso a la tecnología informática. Los intereses y las pasiones de la familia Gates han convertido la fundación en la más grande del mundo.

La actriz Angelina Jolie dona un tercio de su sueldo a obras benéficas. También viaja por todo el mundo como Embajadora de Buena Voluntad del Alto Comisionado de las Naciones Unidas para Refugiados (ACNUR). Ella y Brad Pitt iniciaron la Fundación Jolie-Pitt en 2006 para ayudar a aquellos afectados por crisis humanitarias alrededor del mundo.

Como los antes mencionados hay miles, incluyendo otros filántropos famosos como Oprah Winfrey, Bono, J. K. Rowling y Warren Buffett. Pero por favor ten en cuenta que no tienes que ser famoso para compartir en esta vida. Estos son grandes ejemplos que sirven como inspiración. Si no tienes dinero para donar, siempre puedes donar algo de tu tiempo o tus habilidades o artículos viejos, etc.; toda ayuda es bienvenida en este mundo.

¿Por qué compartir?

Recuerda que las personas más felices no son las que más reciben, sino las que más dan. —H. Jackson Brown

Dar de nuestro tiempo, energía y dinero contribuye a nuestra necesidad de encontrar algún sentido en la vida y sentirnos conectados con nuestras comunidades. También nos brinda una satisfacción interna y un propósito.

Mis abuelos siempre me dijeron: "Ayuda enseñando a otros a alcanzar el éxito". Esa filosofía me ayudó a escoger mi profesión. Como consultora financiera, les enseño a las personas cómo ahorrar, administrar, invertir, compartir y proteger su dinero con la meta de ser financieramente independientes.

Conversando con la gente sobre la filantropía y el altruismo, encuentro temas en común. Ayudar a otros nos revitaliza, nos hace sentir plenamente felices. Como bien me dijo una persona, nos une como comunidad. Otro cliente adinerado también me comentó que para él era lo correcto. Espero que siempre compartas las ganancias emocionales y económicas que te toquen en esta vida, y le enseñes a tus seres queridos el valor que tiene tal gesto para la familia, la comunidad y el mundo.

Organizaciones benéficas

Una de las compensaciones más bellas en esta vida es que ningún hombre puede sinceramente tratar de ayudar a otro sin ayudarse a sí mismo. —Ralph Waldo Emerson

La caridad es la práctica de dar generosamente. Una organización benéfica es una institución, organización o fondo cuyo propósito es ayudar a gente necesitada o apoyar una causa.

Existen miles de organizaciones benéficas y fundaciones; varias de ellas se enfocan en temas o problemas específicos como los siguientes:

Causas	Organizaciones
Derechos de la infancia	Centro de Integración de Menores en Abandono (CIMA)
	Save the Children
Salud	La Cruz Roja
	Médicos sin fronteras
Desamparados	Ayuda en Acción
El medio ambiente	Greenpeace, la lucha por la tierra, ecológica
Derechos humanos	Amnistía Internacional
Extrema pobreza	Global Humanitaria

Hay varias maneras de realizar donaciones a organizaciones benéficas. Puedes:

• Realizar una donación directamente a la organización.
• Dejar un legado en tu testamento.
• Crear un fideicomiso benéfico o una fundación.

También hay sitios en Internet que te permiten comprar y donar. Dos de ellos son www.Igive.com y www.justgive.org. En la página de Igive.com, seleccionas una causa favorita —o agregas una nueva— y luego compras por Internet en más de setecientas tiendas reconocidas. Una parte de cada compra se dona a la causa que hayas elegido. Y los productos no son más caros que en otro lugar.

JustGive.org te permite comprar tarjetas de regalo de obras benéficas que puedes otorgar a tu familia y a tus amigos, quienes pueden canjearlas para apoyar a sus causas favoritas.

Si no tienes dinero, comparte tu tiempo

Nadie se volvió pobre por dar. —Ana Frank

Un amigo mío me dijo recientemente: "No soy rico así que no puedo donar mucho dinero, pero dono mi tiempo. Para mí, el voluntariado es mi forma de contribuir. Otras personas reciben ayuda y yo me siento bien conmigo mismo".

Otro amigo me dijo el otro día: "Acabo de vaciar mi carro, que estaba lleno de juguetes y ropa que mis hijos ya no utilizan, en el centro para mujeres y niños. Las mujeres estaban tan agradecidas, los niños muy alegres, y me sentí genial".

Si no tienes dinero para compartir, puedes dar de ti mismo —tus talentos, tu sabiduría, tus habilidades— a otras personas que necesitan de tu ayuda. Estas son algunas ideas que cuestan muy poco o nada en absoluto:

- Hacer voluntariado con una organización benéfica.
- Donar pertenencias viejas o nuevas.
- Organizar una fiesta a beneficio de una organización.
- Donar el dinero de tu alcancía a tu organización benéfica favorita.

TAREA PARA LA FAMILIA

Lee el siguiente cuento con tus hijos y luego charla sobre las lecciones aprendidas.

EL CHIMPANCÉ ALTRUISTA

Era una mañana con mucho sol, pero como en la selva hay muchos árboles muy altos, había sombra y se sentía un día fresco. Era el día perfecto para ir a visitar al grupo de chimpancés que vivían en la otra orilla del río, pensó Ricardo, un chimpancé muy grande y fuerte. Llamó a su hijo Charlie que estaba jugando con sus amigos de la selva.

—¿Qué vamos a hacer, papá? —preguntó Charlie.

—Vamos a visitar a los chimpancés de la otra orilla, hijo, les vamos a llevar algunos plátanos y dinero. Ellos tuvieron una mala cosecha. Nosotros tuvimos una buena cosecha este año y separamos lo necesario para vivir. Vendimos una parte y ganamos dinero. Ahorramos una parte de ese dinero en caso de emergencia. Y ahora vamos a compartir lo que tenemos con nuestros vecinos que la están pasando mal. También les vamos a enseñar a sembrar mejor para que el próximo año tengan una mejor cosecha.

Fueron con otros chimpancés e inmediatamente ayudaron a reparar los campos de cultivo y a sembrar, usando algunas de las semillas que habían guardado para momentos de emergencia como este. Entre todos levantaron las casas y sembraron juntos, así el trabajo fue más rápido y fácil. Cuando hay colaboración y ayuda todo es mejor. Mientras trabajaban, cantaron lindas canciones y, por supuesto, le dieron gracias a Dios por tener unos vecinos que conocían muy bien el concepto de compartir.

Los chimpancés

La definición de altruismo es dar sin importar la recompensa o el reconocimiento. Hasta hace poco, se pensaba que esta actitud desinteresada

era una característica netamente humana. Sin embargo, un estudio demostró que los chimpancés tienen la capacidad de ayudar a extraños —aún a costa personal, sin esperar una recompensa. En experimentos, los chimpancés observaban a una persona que nunca habían visto antes tratar de alcanzar un palo de madera que estaba dentro del alcance de los chimpancés. A menudo, estos les llevaban el palo a los humanos, sin que les importara trepar fuera de su camino para recogerlo o demorar sus actividades personales. Los chimpancés masculinos también son muy protectores de sus territorios, y regularmente monitorean los límites de sus comunidades en búsqueda de intrusos. Además, comparten comida con otros en su grupo aunque ellos no tengan más de lo necesario.

¿Qué aprendimos de esto?

Como los chimpancés, debemos contribuir y ayudar a nuestras comunidades cuando podamos, y debemos proteger nuestro dinero para ayudar a nuestras futuras generaciones. Siempre recuerda que cuando tienes algo, mucho o poco, y lo compartes con los demás, tendrás la felicidad más grande que puedes tener. La vida es para dar y recibir.

¿Qué harías con US$ 1 millón?

Imagínate que alguien te da un millón de dólares y te dice: "No puedes quedarte con ellos. Tienes que invertirlos en una organización benéfica".

- ¿Qué organización escogerías y por qué?
- ¿Cómo mejorará la calidad de vida de las personas en tu proyecto?
- ¿Por qué es importante para ti y para el mundo?

Para saber a dónde dirigir tu tiempo y dinero, primero examina tus valores, identifica la misión y consigue una lista de organizaciones que compartan tu misma forma de pensar. En lugar de efectivo puedes donar inversiones a sus fondos, puedes nombrarlos beneficiarios en tu póliza de seguro (quizás como beneficiarios contingentes). Pero tendrás que saber cuál es tu límite, y tendrás que investigar cómo opera la organización y en qué emplea su dinero.

¿Cómo protege y comparte el dinero tu familia?

Para cerrar este capítulo, piensa en cómo tu familia ha protegido su dinero y responde las siguientes preguntas:

- ¿Se está protegiendo tu familia para el futuro? Si la respuesta es sí, ¿cómo?
- ¿Qué piensa tu familia sobre dar a los demás y ayudar a personas necesitadas?
- ¿Qué estás haciendo tú, o qué piensas hacer, para mejorar el mundo?

7

Recomendaciones especiales
para empresarios

Hay muchísimos cambios en la economía y parece que cada mes cambian las cifras e incentivos para empresarios. Acuérdate de consultar siempre con un contador profesional acerca de tus impuestos para estar al día y hacer cosas dentro del plan. Cada empresario sabe que para hacer crecer el negocio hay que ahorrar en gastos fijos e invertir para el crecimiento. Planificar para reducir tus impuestos antes de fin de año es una gran estrategia para estar mejor preparado y evitar gastos innecesarios. ¡Empieza ahora mismo!

CÓMO CRECER

Como empresario, es muy importante pensar constantemente en oportunidades para hacer crecer el negocio. Hay dos formas prácticas para hacer crecer tu negocio y ganar más dinero. La primera es expandirte, para poder aumentar tus clientes y consecuentemente, tus ganancias. La segunda es mejorar los sistemas, las operaciones y reducir deudas y costos fijos. Además de estas dos formas básicas, hay miles de fórmulas para ganar más dinero y hacer crecer tu negocio.

Las siguientes son tres recomendaciones que un empresario siempre debe tener en cuenta para hacer crecer su negocio.

Asegúrate de que tu estrategia de negocio sea factible

Es muy importante revisar la estrategia de negocio cada año y adaptarla de acuerdo con la demanda, tipo de clientela y calidad y costo del producto. Una de las mejores formas de expandir tu negocio es darlo a conocer y ser el líder de tu producto o servicio. Identifica bien a tus clientes y asegúrate de que tu página web esté al día con todos los avances tecnológicos.

* Aclara la visión, plan de competencia, producto, costo y clientes.
* Mejora la campaña de marketing e incluye una página web moderna.
* Integra los medios sociales como los blogs, Facebook, Twitter y LinkedIn.

Evalúa todas las opciones de expansión

Si la forma que eliges para hacer crecer tu negocio es incrementar el capital, tienes que evaluar primero tus reportes financieros y calcular la proporción de deuda/capital. Es importante no usar todos tus ahorros y conseguir un préstamo que sea adecuado a tus necesidades. Si es posible, consigue un socio. Antes de pedir cualquier préstamo, contesta las siguientes preguntas: ¿Cuán grande es tu riesgo de deuda? ¿Con qué propósito usarás el capital?

Los gobiernos estatales y locales, en la mayoría de los países, han desarrollado muchos programas en años recientes para fomentar el crecimiento de las pequeñas empresas, reconociendo los efectos positivos que tienen en la economía. Recuerda que para pedir un préstamo, tu negocio debe tener suficiente propiedad colateral y demostrar la capacidad para pagar el préstamo a tiempo, a partir de la proyección del flujo de efectivo operativo. Es esencial mantener un registro de todos los gastos y tener buen historial crediticio.

Sigue mejorando tu negocio

Hay talleres gratuitos para empresarios en Internet, en español, por ejemplo en www.score.org/events/workshops/spanish, que te pueden ayudar a mejorar tu negocio. Algunas ideas de cursos que te servirán para este fin incluyen computación, operaciones y contabilidad, entre otros.

En los Estados Unidos, la Agencia Federal para el Desarrollo de la Pequeña Empresa administra el Programa de los Centros de Desarrollo Empresarial (SBDCs, por las siglas en inglés de *Small Business Development Center*) que brinda asistencia empresarial a actuales y potenciales dueños de pequeñas empresas. En casi todos los países hay agencias o centros similares. Infórmate y recurre a ellos para seguir adelantando y mejorando tu empresa.

EVITA LOS DOLORES DE CABEZA

La clave para sacar a tu empresa adelante y diferenciarte de otros negocios parecidos es mejorar constantemente tu producto o servicio, estudiar a la competencia y mantener siempre los costos bajos. ¡Recuerda que hay recursos a tu disposición para ayudarte a ser el mejor!

Si yo fuera un doctor, te diría que te tomes una pastilla para el dolor y solo te quedaría esperar a que se te pase. Pero, como planificador financiero, es mi deber asesorarte para que puedas prevenir el dolor, compartir estudios sobre cómo reducirlos e informarte sobre los pasos a seguir. Hay muchos tipos de dolores de cabeza para los empresarios, pero nos enfocaremos en los más importantes.

El dolor llamado impuestos

Antes de que acabe el año, planifica tus impuestos. Todos sabemos qué pasa en abril cuando la mayoría de la población en los Estados Unidos se prepara para hacer sus impuestos —la incertidumbre y las corridas buscando el último estado de cuenta nos da una ansiedad innecesaria e interminable. Pero si planeáramos con anticipación podríamos ahorrarnos ese malestar. Por eso, es mejor empezar a planificar tus impuestos antes de que te gane el año con las siguientes sugerencias.

Empecemos con las posibles deducciones o reducciones de impuestos. ¿Trabajas desde la casa? Aunque no la uses todo el tiempo, es posible deducir parte de los gastos de tu hogar.

Otra reducción que a veces nos olvidamos es el costo del transporte y viajes. Si agregas a tu cónyuge en tu planilla como empleado podrás deducir sus gastos de viaje, siempre y cuando la mayor parte del viaje sea por negocios. Si vas a deducir gastos de entretenimiento, acuérdate de guardar el recibo y de anotar exactamente los nombres y la razón.

Sigamos con los créditos. Si usaste crédito para financiar algo de tu negocio, los intereses que pagaste son completamente deducibles. Si piensas reemplazar una computadora o algún equipo que ya no usas, acuérdate de donarlo a una organización de caridad y así obtener una deducción.

¿Prefieres darle tu dinero al gobierno o a tu jubilación? Invierte en tu jubilación y la de tus empleados. La mayoría de los planes de retiro permiten que tu dinero crezca libre de impuestos y también tendrás la posibilidad de deducir el monto de las ganancias de tu negocio.

Tú solo no lo puedes hacer; consigue ayuda, ya sea comprando un programa avanzado de impuestos, contratando un contador o usando a un practicante de universidad. Cualquiera sea tu estrategia, es mejor que tengas a alguien para organizar tus gastos y que lleve tu contabilidad. Conociendo tus gastos con certeza podrás deducir más, ya que tendrás los documentos necesarios para justificar los descuentos, como millaje, uso de celulares, etc.

El dolor llamado catástrofe

Durante este siglo hemos presenciado muchas catástrofes, eventos inesperados como el de Japón. ¿Tu negocio está preparado por si los sistemas no funcionan, si hay pérdida de inventario o gastos extraordinarios inesperados? Sabes que tu liquidez es el motor de todo negocio; aunque te vaya muy bien, si no tienes liquidez para pagar tus cuentas, tienes el riesgo de entrar en deudas. Por eso es esencial tener un buen presupuesto y seguirlo. Deberás asegurarte de tener preparado un plan para cualquier evento inesperado, sea a causa de la naturaleza o por problemas de salud. ¿Cuántos gastos inesperados podría sobrevivir tu negocio? Si tuvieras un accidente o si decidieras tomarte un tiempo fuera de tu empresa, ¿confías en alguien que esté capacitado para ejercer tu visión?

El dolor llamado gasto innecesario

El gasto de seguro de salud es importantísimo y los expertos estiman que para los empresarios la prima subirá hasta un 40%. Pero podrías reducir el costo si consideras buscar en sitios como

Cuidadodesalud.gov., que brindan información sobre cómo conseguir el mejor seguro de acuerdo con tus necesidades. También es usual que las personas sin problemas de salud incrementen su deducible para reducir la prima. Un gasto que no debes eliminar es el de promocionar tu negocio por Internet y el de invertir en la innovación de tu negocio.

Quizás no te pueda aconsejar sobre cómo ganar más dinero en tu empresa ya que tú, como visionario, lo sabes mejor que yo, pero sí te puedo aconsejar cómo planificar financieramente para ti y tu familia. Acuérdate de tu ventaja competitiva como empresario, acuérdate que debes mantenerte disciplinado en tus finanzas. Comparte tu visión, rodéate de gente con buena actitud. Teniendo los ingredientes para el éxito, éste llegará naturalmente a tu empresa.

EL ÉXITO EMPRESARIAL

Un empresario conocido, llamado Robin S. Sharma, una vez dijo: "El secreto del triunfo empresarial es conectar con el corazón de las personas". Es decir, para el éxito empresarial es clave tener pasión por la misión del producto o servicio. Un empresario exitoso estará mejor equipado si asimismo lleva consigo tres importantes herramientas: la habilidad para organizarse, tener un buen manejo de sus finanzas, evaluar el DAFO (Debilidades, Amenazas, Fortalezas, Oportunidades) de su empresa, ser disciplinado, diseñar redes sociales y darle utilidad a sus sistemas.

Al fin y al cabo, ¿qué ganarías teniendo el mejor producto o servicio si no puedes ofrecer la mejor experiencia al cliente?

Eventualmente el tiempo nos consume y aunque tengamos mucha fe en que nos alcanzará el día, la semana y el mes, sabemos que eso muy difícilmente sucede. Entonces, la clave más importante para ser exitoso, además de tener un buen producto o servicio, es tu habilidad para organizarte, tener un buen manejo de tus finanzas, evaluar el DAFO (Debilidades, Amenazas, Fortalezas, Oportunidades) de tu empresa, ser disciplinado, diseñar redes sociales y darle utilidad a tus sistemas.

Organízate, maneja bien tus finanzas
Crea una cultura de enfoque y disciplina

Asegúrate de que tu negocio esté a nombre de una entidad corporativa en lugar de estar operando como una asociación. No asumas que la entidad te protegerá automáticamente. Asegúrate de no usar tu negocio para todos tus gastos personales; por ejemplo, si usas la cuenta de tu negocio para ir al supermercado y algún día te llegaran a enjuiciar, será muy difícil probar que tu negocio y cosas como tu casa e inversiones son entidades separadas.

Considera usar los gastos como carro y equipo para el negocio con financiamiento y no pagar 100% en efectivo. Siempre usa herramientas como Quicken o Quickbooks, o contrata a un contador competente que organice tus finanzas personales separadas de las de tu trabajo. También hay herramientas CRM, aparte de Outlook, para administrar, documentar y estar conectado con el resto de tu equipo, que podrían ser más efectivas. CRM se refiere al software, sistemas informáticos de apoyo a la gestión de las relaciones con los clientes, a la venta y al marketing para gestionar la información de la gestión de ventas y de los clientes de la empresa.

Evalúa el DAFO de tu empresa y mantenla ágil

Una empresa ganadora siempre debe saber adónde ir, entender perfecta y claramente su misión y saber cómo llegar. Por eso recomiendo tener un plan claro a dieciocho meses, ya que se ha comprobado que a menudo los planes a más tiempo no son tan efectivos. Asimismo, tus metas familiares deberán estar separadas de tus metas profesionales. Evita deudas que no estén ligadas al crecimiento y controla tus gastos a toda costa.

Para hacer un buen plan, necesitarás contestar las siguientes preguntas a través de un análisis DAFO (SWOT, por sus siglas en inglés). Esto suena como una misión de película de espías, pero se trata de un instrumento estratégico para evaluar tu empresa y tu competencia, que incluye: Debilidades (lo que estás haciendo mal), Amenazas (cuáles son tus retos y cómo salir adelante), Fortalezas (lo que estás haciendo bien) y Oportunidades (dónde y cómo te gustaría mejorar). Considera hacer esto en equipo.

Diseña redes sociales y dales utilidad a tus sistemas

Una clave esencial para ser un empresario exitoso es tener una gran cercanía con tus clientes, tu mercado y rodearte de redes sociales, conexiones virtuales y personales. El crecimiento esperado de los negocios por Internet superará los US$ 10 mil millones de dólares para 2015 y se pronostica que el 40% del crecimiento en los Estados Unidos vendrá de afuera.

La mejor manera de romper barreras es teniendo una buena presencia virtual a través de cuentas en Facebook, Twitter, LinkedIn, entre otras. Es también muy importante tener una buena página web que pueda relacionarse con tus clientes y mercado y tenga alcance internacional. Asimismo, existen organizaciones o grupos internacionales en LinkedIn, a los cuales puedes asociarte para alcanzar su mercado. Existen también herramientas en Yahoo y Google que analizan la cantidad y tipo de visitas a tu página; invierte en un sistema que te provea este tipo de análisis.

Desde el punto de vista de un planificador financiero, el secreto para ser un empresario exitoso es saber cómo controlar tus finanzas y no dejar que tus finanzas controlen tu negocio. La mejor manera es ser disciplinado y organizado, mantenerte enfocado, tener un plan a dieciocho meses y mantenerte cerca del cliente y activo en redes sociales. Como dijo el famoso escritor de *Outliers* Maxwell Caldwell, el éxito no es solamente suerte, es un factor que implica mucho trabajo, saber dónde estás y diferenciarte de los demás. La clave está en equilibrar todas las herramientas. Acuérdate también de lo que dijo Víctor Hugo: "El futuro tiene muchos nombres: para el débil es lo inalcanzable, para el miedoso es lo desconocido, para el valiente, la oportunidad". Siempre habrá un gran espacio para el éxito para los empresarios oportunistas.

Separa las finanzas del trabajo de las de tu casa

Un estudio de la Asociación Nacional de Asesores Financieros en los Estados Unidos concluyó que el 88% de las personas que tiene un plan financiero tiene más probabilidades de alcanzar sus metas. Otro estudio realizado en Europa por Aviva, demuestra que el 90% de las personas que tiene un plan es más feliz y se siente en control de sus finanzas. Basándonos en estos dos estudios, podríamos concluir que tener un plan financiero no solamente te hace más feliz, sino que también te ahorra tiempo. Por eso, te recomiendo un plan para tu empresa y otro para tus finanzas personales. Esto te facilitará el manejo de ambos. Entre otras cosas, un buen plan financiero debe incluir cuentas separadas:

* Familia/Personales
* Empresa/Negocio

Acuérdate de que es recomendable mantener los gastos y entradas del negocio en una cuenta bajo el nombre de la empresa. Si depositas algún monto a tu cuenta personal, asegúrate de anotar que es un préstamo o uso de capital de la empresa. Puedes usar programas como Quicken, Quickbooks o Microsoft Money para ayudarte con la contabilidad. Esto también mejorará la contabilidad de tus impuestos y facilitará el cálculo de los gastos de la empresa en caso de una auditoría. Si estás en una tienda y tienes que comprar cosas para la empresa y cosas para la casa, asegúrate de comprarlas por separado, de pedir dos recibos y de que el pago salga de dos cuentas.

Aprende a manejar el crédito de tu empresa

Saca una tarjeta de crédito solamente para la empresa, pues es el único interés deducible (de una tarjeta de crédito) que tendrás al final del año cuando hagas tus impuestos.

Categoriza las deducciones

Mantén las deducciones personales y las de negocios por separado. Por ejemplo, trata de tener dos computadoras —la antigua para la familia. De esta manera no tendrás que mantener un registro del tiempo usado en la computadora y podrá ser deducible al máximo. Si esta no es una alternativa, mantén un registro de su uso personal y otro para la empresa.

Distribución de ahorros y liquidez

Mantén un fondo de emergencia personal y otro para la empresa. Haz una lista de cuánto costaría mantener tu casa durante seis meses (gastos fijos: luz, cable, teléfono, etc.) sin ingresos y haz otra para tu empresa (sueldos, alquiler, equipos, etc.).

En cuanto a los planes de retiro, si vives en los Estados Unidos, ahorra por lo menos en una cuenta IRA. El monto máximo que uno puede contribuir en 2012 es US$ 5.000. Si tienes más de cincuenta años en el año 2012, puedes contribuir un máximo de

US$ 6.000. Si es posible, abre otra cuenta como, por ejemplo, 401K o SIMPLE IRA, para poder aumentar el monto de ahorro con beneficios de impuestos.

Planifica para los riesgos y seguros de tu empresa

Ten un plan para el caso de muerte prematura o algún accidente que no te permita trabajar —por ejemplo, un seguro por el monto del valor de la empresa. Luego, a nivel personal, recuerda tener un testamento actualizado que esté en línea con la distribución de los activos de la empresa para evitar dolores de cabeza.

Para poder manejar las finanzas personales y de tu empresa en armonía, siempre debes tener metas claras para cada una y la contabilidad, cuentas y equipos separados. Estas recomendaciones no solo te ayudarán a mejorar tus finanzas, sino que también te ayudarán a disminuir tus impuestos. Recuerda que la mejor forma para alcanzar tus metas es con una buena planificación y compartiendo el plan con tu familia.

8

Más vale pájaro en mano
que cien volando

Hemos llegado al final de este gran trayecto financiero. Espero que cada capítulo te haya brindado la información y el apoyo necesarios para aprender y crecer a todo nivel. Como bien hemos descubierto, primero es necesario que identifiques tu educación y personalidad financieras, no solo para conocerte mejor, sino también para saber cómo brindarles esta información clave a tu familia e hijos, así ellos también podrán crecer con una base financiera sólida. A su vez, al conocerte mejor, te será más fácil desarrollar el plan de ataque a tu medida, para tus metas y la de tu familia, así como elegir los ahorros y las inversiones que te rendirán mejor en tu vida.

Pero lo más importante, lo que quiero que siempre hagas, es que te atengas a tu plan y te mantengas organizado y en control de tus finanzas. Esa es la clave para salir adelante en todo lo que te propongas.

AYUDA PROFESIONAL

En tu vida financiera habrá algún momento en que una persona objetivamente te pueda dar mejores consejos, simplemente porque no carga con la parte emocional que implica tu dinero. Antes de entrevistar a un planificador financiero, evalúa qué necesitas. La mayoría de ellos también te podrá asesorar con tus inversiones. Otros te darán consejos sobre cómo puedes manejar tus deudas y presupuestar mejor. Si decides que un profesional te puede ayudar mejor en algunas de estas áreas, hay características que yo recomiendo evaluar antes de tomar una decisión.

Primero, tienes que leer suficiente sobre el tema para saber si tu asesor tiene experiencia en el área que estás buscando. En segundo lugar, comprender cómo es recompensado, y si ofrece algunos productos que pagan más que otros. También pídele referencias de otros clientes.

Para encontrar un planificador certificado en los Estados Unidos, visita www.cfp.net y www.fpanet.org, o la Asociación nacional de asesores financieros. Si vives en otro país, investiga cuáles son las asociaciones profesionales y cuáles son las de tu estado o localidad.

Pregúntale sobre su experiencia profesional, su educación y por qué se considera calificado para ayudarte. Además de los servicios de planificación financiera, ¿qué otros servicios ofrece? Pídele que te dé ejemplos y material de algún plan que haya hecho antes y que te dé un estimado de cuánto costaría.

Cualquier persona se puede hacer llamar asesor financiero o planificador financiero. Tendrás que conocer su educación, como una maestría de especialización, una certificación o CFP que se conoce en todo el mundo. Para obtener esta certificación, se deben estudiar en la universidad temas dirigidos a las finanzas, pasar un examen de dos días y cumplir el prerrequisito de tres años como planificador financiero. Asegúrate de si es la persona con la que quieres desarrollar una larga relación y recuerda que en algún momento tendrá que conocer a la familia y ustedes tendrán que responder preguntas íntimas sobre tus ingresos, gastos, testamentos y más.

UN GRAN EJEMPLO

Voy a compartir contigo una última historia. Esta es la historia de dos personas, Raymond y Teresa, que hicieron todo lo que acabo de describir en este libro durante los últimos treinta años, y trata sobre la importancia de los resultados de sus decisiones y el impacto de esta pareja en su mundo.

Raymond y Teresa

Raymond fue el último de seis hermanos. Sólo su papá había terminado la secundaria; su mamá tuvo que abandonar la escuela a temprana edad para poder ganar dinero. El padre de Raymond participó en la Segunda Guerra Mundial y en Corea. Mientras estaba en la guerra, su esposa trabajaba a tiempo completo para mantener a sus hijos. Entre las guerras y después de ellas, el papá de Raymond tuvo varios trabajos. Tenían poco dinero, pero siempre lograban sobrevivir con lo justo.

Raymond también trabajó desde los doce años para ayudar a su familia. Cortaba el césped de las casas, barría nieve y trabajaba en un supermercado. Su peor trabajo fue a los diecisiete años, cuando le asignaron limpiar los conductos del horno en una gran fábrica. Fue la cosa más asquerosa que tuvo que hacer, pero el dinero es dinero y tuvo que hacer lo necesario para sobrevivir.

Raymond terminó la secundaria y entró a la universidad, pero tuvo que abandonarla cuando no aprobó sus cursos debido a todas las fiestas a las que iba. Entonces fue a trabajar a un almacén pero, luego de un año, se dio cuenta de que podía hacer mucho más que manejar una carretilla elevadora todo el día. Volvió a matricularse en la universidad y se graduó con un título técnico. Después de graduarse, Raymond consiguió trabajo como programador en una compañía de tecnología.

Teresa creció en una familia de clase media. Su padre emigró de Italia cuando tenía veinte años. Comenzó a trabajar administrando un pequeño restaurante italiano y se quedó allí toda su vida. Conoció y se casó con la mamá de Teresa, que trabajaba en una fábrica, pocos años después de llegar a los Estados Unidos. Teresa es la tercera de seis hermanos.

Teresa trabajó desde los doce años. Fue niñera, mesera en el restaurante de su padre y ayudante de mercadería en una farmacia. Luego de terminar la secundaria, Teresa se matriculó en un instituto local para reducir sus costos educativos y de vivienda. En los veranos, Teresa trabajaba a tiempo completo para ganar dinero para sus libros y matrícula. También solicitó y obtuvo un crédito estudiantil. Luego de terminar su carrera, Teresa consiguió trabajo en la misma compañía de tecnología donde trabajaba Raymond.

Teresa y Raymond se conocieron el primer día de trabajo de Teresa. Poco tiempo después, se enamoraron y se casaron. La compañía en la que trabajaban les dio pequeñas cantidades de acciones como parte de su compensación. Como no sabían nada sobre acciones, no hicieron nada porque no pensaron que les afectaría mucho. Ambos se aseguraron de contribuir la cantidad máxima a sus planes de jubilación.

Por suerte, el mercado de computadoras personales recién estaba despegando y su compañía empezó a tener enormes utilidades. Empezaron a recibir bonificaciones trimestrales cada vez más grandes. Guardaron cada centavo de sus bonificaciones en el banco. Las casas de la zona en que vivían eran caras e iban a necesitar una cuota inicial bastante elevada.

Algunos años después, Teresa decidió que quería trabajar por cuenta propia (*freelance*) y dejó la compañía para empezar su propio negocio. Ganó tres veces lo que había ganado el año anterior. Guardaron también la mayor parte de esta cantidad en el banco. Aparte de contribuir a sus cuentas de jubilación, Raymond y Teresa prácticamente no sabían nada sobre invertir. Habían escuchado que tenían que hacerlo, pero no sabían cómo. Un día, vieron un aviso sobre una clase de finanzas personales en un instituto local. Tomar esa clase les cambió la vida.

El primer día, Teresa y Raymond entraron al salón, se sentaron y observaron la clase. Se dieron cuenta de que eran las personas más jóvenes —por veinte años como mínimo. El profesor se presentó y les comentó que era un asesor financiero. Luego preguntó a todos sus alumnos cuáles eran sus metas para la clase. Teresa y Raymond dijeron que querían aprender cómo invertir su dinero y cómo generar más rentabilidad.

Un hombre de unos cuarenta años dijo: "Tengo que ahorrar para la educación de mis hijos". Cuando el profesor le preguntó la edad de sus hijos, éste contestó "catorce y dieciséis". El profesor fue honesto y le dijo: "Has comenzado muy tarde. Tienes mucho por hacer". Otra pareja de cincuenta años estaba preocupada por saber si habían guardado lo suficiente para su jubilación. Al final de la clase, Raymond y Teresa contrataron al profesor para que los ayudara con sus inversiones y ahorros.

Mientras tanto, el negocio de Teresa creció y, en menos de cinco años, tenía a cincuenta empleados en la nómina. Durante este tiempo, Teresa y Raymond compraron una casa y tuvieron dos hijos, un niño y una niña, a quienes criaron valorando el trabajo y el poder del dinero. Al mismo tiempo, la compañía de Raymond se convirtió en una empresa Fortune 500. Sus acciones subieron rápidamente y pronto tenían una pequeña fortuna. Vendieron su casa y compraron una más grande. Compraron una segunda propiedad vacacional en un lago. Invirtieron tiempo y dinero arreglando ambas casas. Vendieron su casa de vacaciones varios años más tarde, logrando una gran ganancia en la operación, y compraron otra en las montañas.

A los cuarenta y seis años, Raymond decidió dejar el negocio tecnológico y hacer algo que le permitiera brindar su conocimiento a la sociedad. Quería ayudar a educar a niños porque sabía que la educación era la base del éxito. Regresó a la universidad, obtuvo su certificado de enseñanza y consiguió un trabajo como profesor de matemáticas en una escuela secundaria urbana, en una zona de bajos recursos.

Un año más tarde, Teresa vendió su negocio. Ella y Raymond también vendieron su casa, logrando una significativa ganancia, y compraron, arreglaron y vendieron dos más justo antes de que el mercado inmobiliario se derrumbara. Teresa se convirtió en una consultora para pequeños empresarios, ayudándolos a formar y hacer crecer sus empresas.

Los hijos de Teresa y Raymond ahora están en la universidad y están encaminados a convertirse en personas independientes y miembros productivos de la sociedad. Ellos trabajan tiempo parcial mientras estudian en la universidad y a tiempo completo durante los veranos.

Teresa y Raymond son dueños de sus casas y sus dos autos. Tienen ahorros más que suficientes en sus cuentas de jubilación para cubrir las etapas finales de sus vidas. Tienen un fideicomiso que destina fondos a su familia y a dos organizaciones benéficas de su elección.

Si Teresa y Raymond lo pueden hacer, tú también puedes

Uno de los mejores regalos que puedes brindarle a tu familia —y que encima no cuesta nada— es enseñarles sobre finanzas personales. Este legado será mucho mejor que cualquier herencia que puedas dejarles. Involucra a tus padres, tus hermanos y al resto de tu familia en tus descubrimientos.

En muchas familias, los padres sacrifican sus propias metas para darles a sus hijos una vida mejor y, en el proceso, sacrifican su propia educación, limitando su capacidad de enseñarles a sus hijos ciertas habilidades de vida —como conocimientos financieros— que necesitan para ser exitosos. De esta forma, el círculo vicioso nunca termina. Entonces, enséñales todo lo que aprendas. Nunca es tarde para nadie. Sé un modelo de buen comportamiento financiero para servir como incentivo a otros familiares, incluyendo los hijos que puedas tener.

Te recomiendo:

- Tener reuniones familiares sobre aprendizajes financieros.
- Crear un fondo común de dinero, invertirlo juntos y verlo crecer.
- Optar por una buena causa y trabajar en ella juntos.
- Encontrar maneras de estar conectados (por ejemplo, usando grupos en Google, Yahoo o Facebook).

La vida transcurre entre la familia y el dinero. Ambos importan para que tú te conviertas en la persona más exitosa posible. Me encantaría que compartas tus lecciones sobre el dinero y la familia conmigo. Puedes ubicarme en contact@elainekingcfp.com. Buena suerte y te deseo felicidad y éxitos continuos.

Glosario

Acción Una participación de la propiedad de una compañía.

Acción común Título valor que representa el derecho patrimonial de un inversionista en una sociedad anónima a través del capital social. Cada acción común concede idénticos derechos a todos sus tenedores.

Acciones en circulación Acciones suscritas y pagadas que están en poder de los inversionistas.

Acciones preferentes Título valor patrimonial que tiene prioridad sobre las acciones comunes en relación con el pago de dividendos. La tasa de dividendos de estas acciones se fija en el momento de la emisión, y puede ser fija o variable.

Activo Algo de valor del cual tú eres dueño, te beneficias, u obtienes alguna utilidad.

Activos circulantes Conjunto de cuentas dentro de los activos de una empresa designadas a convertirse en efectivo en un plazo menor a un año. Están constituidos generalmente por caja y bancos, cuentas por cobrar, inventarios, etc.

Activos fijos Activos permanentes que típicamente son necesarios para llevar a cabo el giro habitual de una empresa. Están constituidos generalmente por maquinaria, equipo, edificios, terrenos, etc.

Activos financieros Activos que generan rendimientos financieros.

Activos intangibles Activos de tipo inmaterial, tales como patentes.

Activos líquidos Activos de muy fácil conversión a efectivo.

Amortización Pago parcial o total del principal de un préstamo.

Amortización lineal Método de amortización en el que en cada período se descuenta un monto fijo de la obligación.

Apreciación o alza El incremento de valor de un activo.

Aversión al riesgo Término referido a la situación en la que un inversionista, expuesto a alternativas con diferentes niveles de riesgo, preferirá aquella con el nivel de riesgo más bajo.

Bancarrota Una declaración legal que afirma que no eres capaz de pagar tus deudas.

Banco de inversión Entidad financiera especializada en el diseño y colocación de instrumentos de financiamiento de largo plazo a través de la bolsa de valores o en forma privada para un emisor determinado.

Beneficiarios Personas que recibirán tus bienes cuando mueras.

Capital Efectivo o bienes utilizados para producir ingresos al invertirlos en un negocio.

Capital inicial El valor prestado o valor inicial invertido.

Capital de riesgo Recursos destinados al financiamiento de proyectos cuyos resultados esperados son de gran incertidumbre, por corresponder a actividades riesgosas o a la incursión en nuevas actividades y/o mercados.

Capital de trabajo neto Diferencia entre el valor en libros de los activos circulantes menos el valor en libros de los pasivos circulantes de una empresa.

Capital social Valor nominal de las acciones de una sociedad.

Capital social autorizado Número máximo de acciones que una empresa puede emitir, de acuerdo con lo acordado por los accionistas en el acta constitutiva de la sociedad o en asambleas posteriores.

Caridad El arte de dar sin esperar nada a cambio.

Carta poder Un documento redactado por un abogado que permite a alguien, designado por ti, actuar en representación tuya si estás enfermo o incapacitado.

Cartera Un portafolio de inversiones.

Calificaciones crediticias Un aproximado del nivel de crédito que puede ser otorgado a una empresa o persona sin riesgo excesivo.

Clasificación de títulos Valoración por parte de entidades independientes del valor o el riesgo de un título como parte de una inversión.

Crédito Un acuerdo contractual en el cual tú recibes algo de valor ahora y te comprometes a pagar al prestamista en una fecha futura.

Conocimientos financieros La habilidad de tomar decisiones informadas y exitosas sobre el uso y la administración de tu dinero.

Cuenta corriente Una cuenta de banco que te permite realizar retiros o pagos a otras personas utilizando cheques o una tarjeta de débito.

Cuenta de ahorros Una cuenta de depósito en un banco o caja que paga interés, pero que no puede ser retirada utilizando un cheque.

Débito Una cantidad que se adeuda a una persona u organización por dinero prestado.

Depreciación La pérdida de valor de un activo.

Dinero Un método de intercambio emitido por un gobierno en la forma de monedas de oro, plata u otro metal, o billetes de papel utilizados como la medición del valor de bienes y servicios.

Diversificación Una estrategia de cartera diseñada para reducir la exposición al riesgo al combinar una variedad de inversiones, como acciones, bonos e inmuebles (bienes raíces).

Dividendos Utilidades de la empresa desembolsadas a accionistas, en efectivo o en mayores cantidades de acciones.

Dividendo en acciones Dividendo pagado en forma de acciones en vez de efectivo.

Dow Jones Indicador del movimiento del precio de treinta acciones entre las empresas más importantes que cotizan en la Bolsa de Valores de Nueva York.

Ejecutor La persona encargada de verificar que tu testamento sea cumplido.

Exención fiscal Bonificación fiscal a favor de la realización de una determinada transacción o de una situación financiera definida.

Éxito El logro de algo planificado o intentado; el alcanzar la fama, la fortuna, o poder; algo que termina como planificado o intencionado.

Fiador Persona física o jurídica que se compromete al pago de una obligación, en caso de que ocurra incumplimiento de los compromisos adquiridos por parte del deudor.

Fideicomiso Contrato de confianza entre dos agentes, por el que uno de ellos cede a otro la propiedad de sus bienes para que los administre en beneficio de un tercero.

Fideicomiso Activo Un documento legal impreso que podría sustituir a un testamento como tu vehículo principal de planificación de patrimonio.

Filantropía El acto de donar dinero, bienes, tiempo o esfuerzo para apoyar una causa caritativa —generalmente durante un período extendido, con una meta definida.

Finanzas La ciencia de la administración del dinero y otros activos.

Fondo de inversión Fondo de carácter mutuo y de cartera diversificada, cuyas participaciones están distribuidas en forma proporcional a sus aportes entre varios inversionistas.

Fortune 500 Las 500 empresas más importantes en los Estados Unidos según la revista Fortune.

Ganancias de capital Beneficios que se obtienen al vender un activo financiero a un precio mayor a su costo o valoración estimada.

Gasto La cantidad de dinero que cuesta comprar o hacer algo.

Gasto fijo Un costo que no varía de un período a otro, o que sólo varía levemente.

Gasto variable Un costo que cambia significativamente de período a período.

Gastos de desarrollo Gastos incurridos al crear nuevos productos o procesos comerciales.

Gastos de organización Gastos generados en la creación de una nueva organización empresarial o proyecto de inversión.

Gastos de seguridad social Gastos incurridos sobre los programas de seguridad social que debe cubrir la empresa sobre su planilla.

Gastos financieros Gastos correspondientes a los intereses de las obligaciones financieras.

Gestión de riesgos Conjunto de actividades gerenciales destinadas a controlar y administrar los seguros y coberturas de una empresa.

Gratificación pospuesta La habilidad de esperar para obtener algo que quieres; también llamado control de impulso, fuerza de voluntad y autocontrol.

Hipoteca Un préstamo para financiar la compra de un inmueble, generalmente con períodos de pago y tasas de interés específicas.

Historial crediticio Un resumen de tu historial financiero.

Impuesto directo Impuesto que grava las rentas de las personas físicas y jurídicas, denominados contribuyentes.

Impuesto específico Impuesto por unidad sobre un bien o servicio.

Impuestos indirectos Impuestos aplicados a la realización de transacciones.

Inflación Aumento sostenido y generalizado de los índices de precios.

Ingreso Dinero recibido durante un período como pago por trabajo, bienes o servicios, o como ganancias de capital.

Interés El valor cobrado por un prestamista por el uso de dinero prestado, usualmente expresado como un porcentaje anual del capital.

Interés compuesto Interés que es calculado no sólo sobre el capital inicial sino también sobre el interés acumulado de períodos anteriores.

Inversión La compra de un producto financiero u otro artículo de valor con la expectativa de que crecerá en valor y generará más dinero.

Legado Algo dejado a alguien en un testamento.

Mercado de capitales Conjunto de transacciones que involucran la negociación de instrumentos financieros con vencimientos mayores a un año.

Mercado de dinero Mercado en el cual se transan préstamos y depósitos por períodos cortos.

Mercado de futuros Mercado en el que puede formalizarse un contrato para el suministro de mercancías o activos financieros, en una fecha futura predeterminada.

Mercado de valores Mercado en el que se transan todo tipo de activos financieros.

Motivación Una fuerza interna que te impulsa hacia adelante para alcanzar el éxito y te ayuda a cumplir tus sueños.

Pasión Un fuerte interés o entusiasmo por un tema o actividad.

Planificación de patrimonio El proceso de ordenar la disposición o distribución de todos tus bienes, incluyendo dinero y propiedades.

Portafolio Combinación de activos financieros mantenidos por un individuo o institución.

Préstamo Una cantidad de dinero dada a alguien con la condición de ser repagada más tarde.

Presupuesto Un plan que distribuye ingresos personales futuros a gastos, ahorros y pagos de deudas.

Rentabilidad Un cálculo hecho para determinar si una inversión es inteligente y cuánto repagará.

Responsabilidad/Obligación Una obligación legal de pagar una deuda.

Roth IRA Un fondo fiduciario en el cual las personas pueden depositar una cantidad limitada después de impuestos sobre la renta para retirar después de la jubilación.

Tarjeta de crédito Una tarjeta de plástico emitida por un banco que permite comprar bienes y servicios y pagar por ellos más tarde, usualmente con interés.

159

Tarjeta de débito Una tarjeta de plástico emitida por un banco que puede ser utilizada para realizar compras; el dinero es transferido directamente de la cuenta corriente del comprador a la cuenta bancaria del vendedor.

Testamento Un documento legal, válido cuando mueres, que establece cómo serán distribuidos tus bienes.

Transacción Un acuerdo entre un comprador y un vendedor para intercambiar un bien por un pago.

Validación de un testamento El proceso legal de administrar el patrimonio de una persona fallecida, que asegura que se cumplan sus instrucciones y se pague a los acreedores.

Valor neto Tus activos menos tus pasivos.

Recursos

En las siguientes páginas encontrarás una lista de libros recomendados y páginas web para zambullirte en tu investigación financiera.

Libros

Collier, Charles W. *Wealth in Families*, Universidad de Harvard, 2006.

Gardner, Tom, David Gardner y Selena Maranjian. *The Motley Fool Investment Guide for Teens*, Fireside, 2002.

Godfrey, Neale S. y Carolina Edwards. *Money Doesn't Grow On Trees*, Fireside, 2006.

Gottlieb, Barry. *Every Day is a Gift*, Simple Truths, 2010.

Hausner, Lee y Douglas K. Freeman. *The Legacy Family*, Palgrave Macmillan, 2009.

Hughes Jr., James E. *Family Wealth: Keeping It in the Family*, Bloomberg Press, 2004.

Kerr, Michael E. *One Family's Story: A Primer on BowenTheory*, Centro Bowen para el Estudio de la Familia, 2005.

Opdyke, Jeff D. *The Wall Street Journal Complete Personal Finance Guidebook*, Three Rivers Press, 2006.

Stovall, Jim. *The Ultimate Gift*, Executive Books, 2000.

Páginas web

Herramienta gratuita para la administración del dinero: www.mint.com

Sitio gratuito para ahorros "alcancía": www.smartypig.com

El sitio de Plaza Sésamo: www.sesamestreet.org

Sitio para niños que presenta un Club Secreto para Millonarios: www.smckids.com

Sitio de tarjeta de regalo de caridad: www.justgive.org

Comprar y donar a tu causa favorita: www.igive.com
Consejos financieros, herramientas y calculadoras: www.lifetuner.org
Software para la gestión más ágil del dinero: www.quicken.intuit.com
Diccionario de términos de inversiones: www.investorwords.com
Diccionario de términos de negocios: www.businessdictionary.com
Información de reportes de crédito: www.creditreport.com
Asociación de Asesoría Financiera: www.fpanet.org
Relato digital: www.memoirproduction.com
Fundación Steve Harvey: www.steveharveyfoundation.com
Fundación Bill y Melinda Gates: www.gatesfoundation.org
The Children's Initiative (La Iniciativa de los Niños):
    www.childrensinitiative.org
Educate Tomorrow (Educar Mañana): www.educatetomorrow.org
Believe in Tomorrow (Creer en Mañana): www.believeintomorrow.org
Centro de Integración de Menores con Amor (CIMA):
    www.cimahope.org
Fundación Susan G. Komen Contra el Cáncer del Seno: www.komen.org
Cruz Roja Americana: www.redcross.org
Fundación Mundial de la Salud y la Educación: www.worldhealthed.org
Hábitat para la Humanidad: www.habitat.org
United Way: www.liveunited.org
Coalición Nacional para las Personas Sin Hogar: www.nationalhomeless.org
World Wildlife Fund (Fondo Mundial para la Vida Salvaje):
    www.worldwildlife.org
Wildlife Conservation Society (Sociedad de Conservación de la Vida
    Salvaje): www.wcs.org
The Rainforest Foundation (Fundación de Protección de la Selva
    Tropical): www.rainforestfoundation.org
Special Olympics (Olimpiadas Especiales): www.specialolympics.org
Asociación Nacional de Salud Mental: www.nmha.org
The American Veterans Disabled for Life Memorial: www.avdlm.org
Child Fund International: www.childfund.org
Feed the Hunger Foundation (Fundación para Alimentación del
    Hambriento): www.feed hunger.com
Help End Hunger Now Foundation (Fundación de Ayuda para Erradicar
    el Hambre Ahora): www.helpendhungernow.org